ELOGIOS PARA *ANSIOSOS POR NADA*

«De acuerdo, ¡lo confieso! Todos los domingos de Resurrección todavía busco *Con razón lo llaman el Salvador*, ¡solo para ver si encuentro alguna ilustración que pueda usar en mi sermón! Max Lucado es uno de los cuentacuentos más prolíficos y poderosos de nuestro tiempo. Cuando leí su libro más reciente, *Ansiosos por nada*, la oración que me saltó a la vista fue: "Puedes ser el controlador aéreo de tu aeropuerto mental. Ocupas la torre de control y puedes dirigir el tráfico mental de tu mundo". ¡Bum! Solo Max puede escribir así. Te invito a que leas este libro de tapa a tapa. ¡No te querrás perder ni una sola palabra!».

—RICH WILKERSON, PASTOR PRINCIPAL, TRINITY CHURCH; MIAMI, FLORIDA

«En un mundo lleno de temor y ansiedad, el autor *best seller* Max Lucado nos recuerda la paz interior que trasciende al caos. Sin duda, una lectura imprescindible para poder navegar a través del bullicio de la vida diaria».

—A. R. BERNARD

«"¡Hola! Me llamo Dave, y vivo crónicamente preocupado". (¡Hola, Dave!) La preocupación ha sido verdaderamente una batalla difícil de ganar. El libro de Filipenses me ha ayudado a mantener a raya a esta bestia. Y leer *Ansiosos por nada* me está enseñando cómo paralizar el poder de las preocupaciones de la vida. Gracias, Max, por dirigirnos a Aquel que es más fuerte que nuestras circunstancias, más grande que nuestros problemas y capaz de darnos paz, todos y cada uno de nuestros días».

—DAVE STONE, PASTOR PRINCIPAL, SOUTHEAST CHRISTIAN CHURCH; LOUISVILLE, KENTUCKY

«A pesar de las décadas de éxito como escritor y maestro, Max Lucado nunca se conforma con simplemente hacer algo como es debido, pero sin convicción. Él siempre alcanza a los lectores justo donde están. En *Ansiosos por nada*, Max reconoce el poder de la ansiedad, pero también nos recuerda que hay esperanza para superarla».

—DAVE RAMSEY, AUTOR *BEST SELLER* Y ANFITRIÓN DE UN PROGRAMA RADIAL SINDICADO

«¿No sería maravilloso vivir sin temor? ¿Y qué tal sería vivir la vida sin ansiedad? La buena noticia es que sí es posible y la respuesta está en la Palabra de Dios. En su nuevo libro, *Ansiosos por nada*, Max Lucado usa las Escrituras para explicar cómo puedes enfrentar la ansiedad, la preocupación y el temor, y vivir una vida llena de esperanza, paz y fe».

—ROBERT MORRIS, PASTOR FUNDADOR, GATEWAY CHURCH, DALLAS/FORT WORTH, TEXAS; AUTOR *BEST SELLER* DE *UNA VIDA DE BENDICIÓN*, *EL DIOS QUE NUNCA CONOCÍ*, *VERDADERAMENTE LIBRES* Y *FRECUENCIA*

«*Ansiosos por nada* es un mensaje profundo y profético para todo el mundo en estos tiempos caóticos. Max nos recuerda que podemos confiar en Dios para todo y en todo. Él es bueno, él hace el bien y está trabajando para que todo obre en tu favor y para su gloria. Hoy día, el miedo, el terror y la incertidumbre incapacitan a demasiadas personas; este libro te ayudará a avanzar hacia el futuro con fe y esperanza».

— CHRISTINE CAINE, FUNDADORA DE A21 Y PROPEL WOMEN

«"No temas ni desmayes..." fueron las palabras personales del Señor para Josué. Aunque ya tenía la victoria asegurada, aun así su corazón se mantuvo inquietamente humano. Tu corazón, también, podría estar temblando hoy. Dios tiene una palabra personal para ti. Max la pone a simple vista y fácil de entender. Sin duda, ¡te alentará!».

— CARTER CONLON, PASTOR PRINCIPAL, TIMES SQUARE CHURCH, NYC; AUTOR DE *FEAR NOT: LIVING COURAGEOUSLY IN UNCERTAIN TIMES*

«La ansiedad no hace favoritismo. Por eso, todo el mundo, y en cualquier etapa de la vida, necesita alguna ayuda práctica para identificar —y vencer— su poder devastador. La perspectiva bíblica de Max provee las herramientas que necesitas para recuperar el control de tu vida y traer un sentido de calma ante el caos interior».

— CHRIS BROWN, EXPERTO FINANCIERO, PASTOR Y CONFERENCISTA PARA RAMSEY SOLUTIONS

«El pastor Max Lucado tiene una manera de decir las cosas que nos hace sentir como si nos estuviera extendiendo una invitación para sentarnos en la sala de su casa y tener una conversación sincera y centrada en Cristo sobre la Palabra de Dios. Este libro es eso y mucho más. *Ansiosos por nada* aborda un tema que nos afecta a todos. Lucado te dirigirá, pastoral y estratégicamente, a la libertad y a una victoria sobre lo que él describe como una guerra contra la ansiedad y la preocupación».

— BOBBIE HOUSTON, COPASTOR GLOBAL DE HILLSONG CHURCH

«La ansiedad trata de enlazarnos y amarrarnos con mucha fuerza, pero Max Lucado nos presenta pasos reales y una verdad genuina que nos ayudan a soltarnos del lazo de la ansiedad y a vivir una vida llena de paz».

— ANNIE F. DOWNS, AUTORA *BEST SELLER* DE *LOOKING FOR LOVELY* Y *LET'S ALL BE BRAVE*

«Admiro muchísimo a Max Lucado y me encanta su nuevo libro *Ansiosos por nada*. La Biblia es muy clara con respecto a la ansiedad y, de una manera hermosa y accesible, Max nos presenta un plan para lidiar con el tipo de estrés que puede controlar y arruinar nuestras vidas».

— ANDY STANLEY, PASTOR, AUTOR, COMUNICADOR Y FUNDADOR DE NORTH POINT MINISTRIES

ansiosos

por

naDa

También por Max Lucado

ansiosos

por

nada

MENOS PREOCUPACIÓN, MÁS PAZ

MAX LUCADO

GRUPO NELSON
Una división de Thomas Nelson Publishers
Desde 1798

NASHVILLE   MÉXICO DF.   RÍO DE JANEIRO

Es con mucha alegría que Denalyn y yo les dedicamos este libro a Kahu Billy, a Jenny Mitchell y a la maravillosa congregación de Mana Christian Ohana. Durante quince años nos han hecho sentir «en casa» cuando estamos lejos de nuestra casa. Ustedes ocupan un lugar muy especial y amado en nuestros corazones.

CONTENIDO

———•———

SECCIÓN 3: LLEVA Y DEJA
TUS PREOCUPACIONES ANTE ÉL
Denle gracias…

SECCIÓN 4: MEDITA EN TODO LO BUENO
Consideren bien… todo lo que sea excelente y merezca elogio.

RECONOCIMIENTOS

El equipo detrás de este libro no tiene igual. Todos son excelentes en su profesión. Están consagrados a su misión y, sobre todo, soportan a este autor. Muchos de estos amigos han trabajado conmigo por más de treinta años. Y hoy les estoy más agradecido que cuando comenzamos.

Las editoras Liz Heaney y Karen Hill: ustedes persuaden, convencen, aplauden y aprueban. Cada párrafo tiene el toque diestro de sus manos. Gracias.

La correctora de estilo, Carol Bartley: eres para un manuscrito lo que un jardinero experto es para un jardín. No permites la hierba mala.

Steve y Cheryl Green. Y entonces Dios dijo: «Que Max tenga dos ángeles como escoltas». Y envió a Steve y a Cheryl.

El equipo estupendo de Thomas Nelson: Mark Schoenwald, David Moberg, LeeEric Fesko, Janene MacIvor, Jessalyn Foggy y Laura Minchew. Es mi honor trabajar con ustedes.

———•———

La asistente de investigación, Sara Jones: Gracias por leer los interminables tomos de libros. Y, más que todo, por ser mi hija.

Los supervisores de mercadeo, Greg y Susan Ligon: no conozco a nadie que tenga más energía, sentido común, diplomacia y destreza. Les estoy muy agradecido.

Las asistentes administrativas, Janie Padilla y Margaret Mechinus: ustedes son el cuadro perfecto de lo que es servir.

Nuestra familia que sigue creciendo: Brett, Jenna y Rosie; Andrea; Jeff y Sara. Se me infla el pecho de orgullo cuando pienso en ustedes.

Y Denalyn, mi amada esposa. Cada día es más dulce gracias a tu presencia. Cada persona es mejor gracias a tus palabras. Y cada vez que te miro, alzo la vista al cielo y susurro: «¡Gracias, Señor!».

Capítulo 1

MENOS ANSIEDAD, MÁS FE

Es un temor de baja intensidad. Un malestar, una intranquilidad. Un viento frío que no deja de soplar.

No se trata tanto de la tormenta, sino de la certeza de que una se aproxima. Siempre... acercándose. Los días soleados son meramente un interludio. No puedes relajarte. No puedes bajar la guardia. La paz siempre es temporal, de corta duración.

No es tanto encontrarte con un oso pardo, sino la sospecha de que hay uno, o dos o diez por ahí cerca. Detrás de cada árbol. A la vuelta de cada esquina. Inevitable. Solo es cuestión de tiempo antes que el oso pardo salte de las sombras, exponga sus colmillos y te devore a ti, junto a tu familia, tus amistades, tu cuenta bancaria, tus mascotas y tu país.

¡Allá afuera hay problemas! Así que no duermes bien.

No te ríes a menudo.
No disfrutas del sol.
No silbas mientras caminas.

Y, cuando otros lo hacen, los miras con sospecha. Con *esa* mirada. Esa mirada tipo «eres un ingenuo». Es posible que hasta se lo digas: «¿Acaso no has leído las noticias y escuchado los reportes y visto los estudios?».

Los aviones se caen del cielo. Los mercados alcistas se desmoronan. Los terroristas aterrorizan. La gente buena se vuelve mala. Otro escándalo está a punto de salir a flote. La letra menuda saldrá a relucir. La tragedia está al acecho; es solo cuestión de tiempo.

La ansiedad es una lluvia de meteoros de «¿qué tal si...?».

¿Qué tal si no cierro la venta? ¿Qué tal si no recibo el incentivo? ¿Qué tal si no podemos pagar los aparatos dentales de los chicos? ¿Qué tal si mis hijos tienen los dientes torcidos? ¿Qué tal si los dientes torcidos provocan que no tengan amigos, una carrera o una pareja? ¿Qué tal si terminan en la calle, hambrientos, con un letrero en la mano que diga: «Mis padres no pudieron pagar por mis aparatos dentales»?

La ansiedad es una inquietud.

Es una sospecha, un recelo. Es la vida en un tono menor con preocupaciones mayores. Es estar perpetuamente parado en el tablón del barco pirata.

Eres una mezcla de Chicken Little con Iíyoo (Eeyore). El cielo se está cayendo, y está cayendo sobre ti de una forma desproporcionada.

Como resultado, estás ansioso. Una sensación de temor flotante revolotea sobre tu cabeza, una redecilla sobre el corazón, un presentimiento nebuloso sobre las cosas... que podrían ocurrir... en algún momento futuro.

La ansiedad y el miedo son primos, pero no son idénticos. El miedo ve una amenaza. La ansiedad se la imagina.

El miedo grita: ¡Vete!

La ansiedad cavila: ¿Qué tal si?

El miedo resulta en luchar o huir. La ansiedad crea miseria y desolación. El miedo es el pulso que palpita cuando ves una serpiente de cascabel enroscada en tu jardín. La ansiedad es la voz que te dice: *Nunca, nunca jamás, por el resto de tu vida, camines descalzo en la grama. Podría haber una serpiente... en alguna parte.*

La palabra *ansioso* se define por sí misma. Es un híbrido entre *ansia* y *so*. *Ansia* es una sensación de congoja o angustia. *So* es elsonido que hago en el décimo escalón de unas escaleras, cuando mi corazón late aprisa y me falta el oxígeno. Me pueden escuchar inhalando y exhalando, y sueno como la tercera sílaba de *ansioso*, lo que me hace cuestionar si las personas ansiosas son justo eso: gente sin aliento debido a las angustias de la vida.

> *La ansiedad y el miedo son primos, pero no son idénticos. El miedo ve una amenaza. La ansiedad se la imagina.*

En una ocasión, un hawaiano nativo me explicó el origen de *haole*, el nombre que usan los isleños para referirse a los que no somos hawaianos naturales. *Haole* es una palabra hawaiana que se traduce «sin aliento». El nombre se asocia con los inmigrantes europeos de los 1820.[1] Si bien el término se explica de distintas formas, me gusta la que él me dio: «Nuestros antepasados pensaban que los colonos siempre andaban apurados construyendo plantaciones, puertos y haciendas. A los nativos hawaianos les parecía que estaban sin aliento».

Ciertamente, la ansiedad nos roba el aliento. ¡Si nos robara tan solo eso! También nos roba el sueño. Nuestra energía. Nuestro

---

bienestar. El salmista escribió: «No pierdas los estribos, que eso únicamente causa daño» (Salmos 37.8 NTV). Causa daño a nuestro cuello y estómago, a nuestra quijada y espalda. La ansiedad puede obligarnos a hacer contorsionismo emocional. Puede causar un tic en el ojo, un aumento en la presión arterial, dolores de cabeza y sudor en las axilas. Para ver las consecuencias de la ansiedad, simplemente lee sobre la mitad de las enfermedades en un libro de medicina.

La ansiedad no es divertida.

Es muy probable que tú o alguien que conozcas esté batallando seriamente con la ansiedad. Según el Instituto Nacional de la Salud Mental, los trastornos de ansiedad están alcanzando niveles epidémicos. En un año determinado, cerca de cincuenta millones de norteamericanos sentirán los efectos de un ataque de pánico, fobias u otros trastornos de ansiedad. El pecho se nos apretará. Nos sentiremos mareados. Evitaremos el contacto con otras personas y temeremos a las multitudes. En Estados Unidos, los trastornos de ansiedad son el «problema mental número uno entre... las mujeres, y el segundo, luego del uso y abuso del alcohol y las drogas, entre los hombres».[2]

«Estados Unidos es ahora la nación más ansiosa en el mundo».[3] (¡Felicitaciones a todos nosotros!). La tierra de las estrellas y las franjas se ha convertido en el país del estrés y la discordia. El precio de este logro es alto.

«Las enfermedades relacionadas con el estrés le cuestan a la nación trescientos mil millones de dólares cada año en facturas médicas y pérdida de productividad, mientras que el uso de calmantes aumenta vertiginosamente; solo entre 1997 y 2004, los norteamericanos más que duplicaron su consumo de medicamentos contra la ansiedad, como Xanax y Valium, de 900 millones a 2.1 mil millones de dólares».[4]

El *Journal of the American Medical Association* citó un estudio que indica un aumento exponencial en la depresión. Las personas en cada generación del siglo xx «tenían tres veces más probabilidades de sufrir de depresión que los individuos de la generación anterior».[5]

¿Cómo es posible? Nuestros autos son más seguros que nunca antes. Regulamos los alimentos, el agua y la electricidad. Si bien las pandillas todavía merodean nuestras calles, la mayoría de los norteamericanos no vive bajo el peligro de un ataque inminente. No obstante, si la preocupación fuera un evento olímpico, ¡ganaríamos la medalla de oro!

Irónicamente, los ciudadanos de países menos desarrollados disfrutan de más tranquilidad. Ellos sufren una quinta parte de los niveles de ansiedad de los norteamericanos, a pesar de que menos provisiones para las necesidades básicas para vivir. «No solo eso, cuando estos ciudadanos de países menos ansiosos y desarrollados inmigran a Estados Unidos, tienden a volverse igual de ansiosos que los norteamericanos. Entonces, algo sobre nuestro estilo de vivir particular nos está robando la calma y la serenidad».[6]

Nuestros jóvenes universitarios también lo están sintiendo. En un estudio que incluyó a más de doscientos mil estudiantes de primer año, «estos presentaron niveles bajos sin precedentes en salud mental y estabilidad emocional en general».[7] El psicólogo Robert Leahy señala: «El *niño* promedio de hoy día exhibe el mismo nivel de ansiedad que el *paciente de psiquiatría* promedio de la década de los cincuenta».[8] Los niños tienen más juguetes, ropa y oportunidades que nunca antes, pero cuando llega el momento de irse de su casa, están más enredados que las momias egipcias.

Estamos tensos.

¿Por qué? ¿Cuál es la causa de nuestra ansiedad?

El cambio, entre otras cosas. Los investigadores especulan que ¡«el ambiente y el orden social [del mundo occidental] ha cambiado más en los pasados treinta años que lo que cambió en los trescientos años anteriores»!⁹ Piensa en lo que ha cambiado. La tecnología. La existencia de la Internet. El aumento en las advertencias sobre el calentamiento global, una guerra nuclear y los ataques terroristas. Los cambios y las nuevas amenazas son importados a nuestras vidas cada pocos segundos gracias a los celulares inteligentes, los televisores y las pantallas de computadoras. En la generación de nuestros abuelos, se necesitaban varios días para que la noticia de un terremoto en Nepal le daría la vuelta al mundo. En el tiempo de nuestros padres el noticiero nocturno comunicaba sobre la catástrofe. Hoy es cuestión de unos minutos. Apenas terminamos de manejar una crisis cuando ya escuchamos de otra.

Además, nos movemos más rápido que nunca antes. Nuestros antepasados viajaban tan lejos como un caballo o un camello pudieran llevarlos mientras hubiera luz natural. ¿Nosotros? Nos movemos entre husos horarios como si estuviéramos en las calles de un vecindario. Nuestros bisabuelos tenían que apagar los sensores cerebrales cuando se ponía el sol. ¿Nosotros? Encendemos las noticias por cable, abrimos la computadora portátil o sintonizamos el episodio más reciente del programa de supervivencia. Por años, mantuve una cita nocturna con el noticiero de las diez. Nada como dormirse con el relato de asesinatos y catástrofes frescos en el cerebro.

———•———

¿Y qué del embate de retos personales? Estás enfrentando, tú o alguien que conoces, la ejecución de una hipoteca, luchando contra el cáncer, atravesando un divorcio o batallando contra una adicción. Alguien que conoces, o tú mismo, está en bancarrota, no tiene ni un centavo o está cerrando una empresa.

Sin excepción, estamos envejeciendo. Y con la edad llega una comitiva de cambios. Mi esposa encontró una aplicación que calcula la edad luego de evaluar una foto del rostro de la persona. La aplicación falló la edad de Denalyn por quince años, hacia el lado más joven. A ella le encantó. El mío lo falló por cinco años, hacia el lado más viejo. Así que lo volví a tomar. Y añadió siete más. Luego diez. Dejé de hacerlo antes que dijera que me había muerto.

Cualquiera pensaría que los cristianos estamos exentos de la ansiedad. Pero no es así. Nos han enseñado que la vida cristiana es una vida de paz y, cuando no sentimos paz, asumimos que el problema es interno. Entonces, no solo nos sentimos ansiosos, ¡sino que también nos sentimos culpables sobre nuestra ansiedad! El resultado es una espiral descendente de preocupación, culpa, preocupación, culpa.

Esto basta para que alguien se sienta ansioso.

Es suficiente para que nos cuestionemos si el apóstol Pablo estaba ajeno a la realidad cuando escribió: «No se inquieten por nada» (Filipenses 4.6 NVI).

«Inquiétense menos» habría sido desafío suficiente. O, «inquiétense solo los jueves». O, «inquiétense solo en épocas de angustia severa».

Pero aquí no parece que Pablo nos esté dando ningún margen. No se inquieten por nada. Nada. Niente. Cero. Nulidad. ¿Fue esto lo que quiso decir? No exactamente. Él escribió la frase en tiempo presente activo, lo que implica un estado continuo. Lo que Pablo quería abordar era la vida en un estado de *ansiedad perpetua*. La *Traducción Lucado Revisada* dice: «No permitas que nada en la vida te deje sin aliento y en angustia perpetuamente». La presencia de la ansiedad es inevitable, pero la prisión de la ansiedad es opcional.

La ansiedad no es pecado; es una emoción. (Así que, no estés ansioso por sentirte ansioso). Sin embargo, la ansiedad sí puede llevar a una conducta pecaminosa. Cuando adormecemos nuestros temores con latas y latas de cerveza o con atracones de comida; cuando vomitamos ira como el volcán Krakatoa; cuando traficamos nuestros miedos con cualquiera que los compre, sí estamos pecando. Si la ansiedad tóxica te lleva a abandonar a tu cónyuge, a descuidar a tus hijos, a romper pactos, o a romper corazones, presta atención. Jesús pronunció estas palabras: «Tengan cuidado y no dejen que sus corazones se hagan insensibles por [...] las preocupaciones de esta vida» (Lucas 21.34 DHH). ¿Crees que la ansiedad ha insensibilizado tu corazón?

> *La presencia de la ansiedad es inevitable, pero la prisión de la ansiedad es opcional.*

Presta atención a estas señales:

- ¿Te estás riendo menos que antes?
- ¿Ves problemas en cada promesa?
- ¿Te describirían las personas que mejor te conocen como alguien negativo y crítico?
- ¿Asumes que algo malo va a ocurrir?

- ¿Suavizas o minimizas las buenas noticias con una dosis de tu versión de la realidad?
- ¿Hay muchos días en los que preferirías quedarte en la cama en vez de levantarte?
- ¿Exageras lo negativo y desestimas lo positivo?
- Dada la oportunidad, ¿evitarías cualquier interacción con la humanidad por el resto de tu vida?

Si contestaste sí a la mayoría de estas preguntas, tengo un amigo que quiero presentarte. En realidad, me gustaría que leyeras un pasaje bíblico. He leído estas palabras tantas veces que ya somos amigos. Me gustaría nominar este pasaje para el Salón de la Fama de las Escrituras. En la pared del museo donde se exhiben las palabras enmarcadas del salmo 23, el Padrenuestro y Juan 3.16, también deberían exhibir Filipenses 4.4–8 (NVI):

> *La ansiedad no es pecado; es una emoción. (Así que, no estés ansioso por sentirte ansioso).*

Alégrense siempre en el Señor. Insisto: ¡Alégrense! Que su amabilidad sea evidente a todos. El Señor está cerca. No se inquieten por nada; más bien, en toda ocasión, con oración y ruego, presenten sus peticiones a Dios y denle gracias. Y la paz de Dios, que sobrepasa todo entendimiento, cuidará sus corazones y sus pensamientos en Cristo Jesús. Por último, hermanos, consideren bien todo lo verdadero, todo lo respetable, todo lo justo, todo lo puro, todo lo amable, todo lo digno de admiración, en fin, todo lo que sea excelente o merezca elogio.

Cinco versículos con cuatro admoniciones que llevan a una promesa maravillosa: «la paz de Dios, que sobrepasa todo entendimiento, cuidará sus corazones y sus pensamientos» (v. 7).

Celebra la bondad de Dios. «Alégrense siempre en el Señor» (v. 4).

Acércate a Dios y pídele ayuda. «Presenten sus peticiones a Dios» (v. 6).

Lleva y deja tus preocupaciones ante él. «Denle gracias...» (v. 6).

Medita en todo lo bueno. «Consideren bien [...] todo lo que sea excelente o merezca elogio» (v. 8).

Celebra. Acércate y **pide. Lleva** y **deja. Medita. C.A.L.Ma.**

¿Podrías usar algo de calma? Si es así, no estás solo. La Biblia es el libro más marcado y resaltado en las tabletas Kindle. Y Filipenses 4.6, 7 es el pasaje bíblico más marcado y resaltado.[10] Aparentemente, todos podemos usar una palabra reconfortante.

Dios está listo para pronunciarla.

Con Dios como tu ayuda, dormirás mejor esta noche y sonreirás más mañana. Redefinirás tu manera de enfrentar tus temores. Aprenderás cómo disuadirte para alejarte de la cornisa; aprenderás a mirar las malas noticias a través del lente de la soberanía, a discernir las mentiras de Satanás y a decirte la verdad. Descubrirás una vida que se caracteriza por la calma y desarrollarás herramientas para enfrentar los ataques de ansiedad.

Esto exigirá algo de trabajo de tu parte. De ninguna manera quiero dar la impresión de que podemos despedirnos de la ansiedad con una sencilla charla alentadora. De hecho, para algunos de ustedes la sanidad de Dios incluirá la ayuda de las terapias y los medicamentos. Si ese es el caso, no pienses ni por un momento que serías un ciudadano del cielo de segunda categoría. Pídele a Dios que te dirija a un consejero o médico cualificado para proveerte el tratamiento que necesitas.

De algo estoy seguro: la voluntad de Dios no es que vivas en ansiedad perpetua. No es su voluntad que enfrentes cada día con miedo e inquietud. Él te creó para mucho más que una vida de angustia que te robe el aliento y de preocupación que divida tu mente. Él tiene un capítulo nuevo para tu vida. Y él está listo para escribirlo.

Tengo un recuerdo de mi niñez que atesoro con mucho cariño. A mi papá le encantaba comer pan de maíz y suero de mantequilla. (¿Te pasó por la mente que me crié en un pueblo pequeño en el oeste de Texas?). Todas las noches, cerca de las diez, él deambulaba hasta la cocina y desmenuzaba un pedazo de pan de maíz en un vaso de suero de mantequilla. Luego se paraba al lado del mostrador de la cocina, vestido con sus calzoncillos y camiseta, y se lo tomaba.

Luego, hacía su recorrido por las puertas delantera y trasera, para verificar que estuvieran cerradas con llave. Una vez todo estaba seguro, entraba a la habitación que yo compartía con mi hermano y decía algo como: «Todo está seguro, muchachos. Ya pueden dormirse».

No me inclino a pensar que a Dios le encante el pan de maíz y el suero de mantequilla, pero sí creo que ama a sus hijos. Él vela por tu mundo. Vigila tu vida. Dios no necesita inspeccionar las puertas; en realidad, él es la puerta. Nada te ocurrirá sin su permiso.

———•———

La voluntad de Dios no es que vivas en ansiedad perpetua. No es su voluntad que enfrentes cada día con miedo e inquietud. Él te creó para mucho más que una vida de angustia que te robe el aliento y de preocupación que divida tu mente. Él tiene un capítulo nuevo para tu vida. Y él está listo para escribirlo.

Escucha atentamente y lo oirás decir: «Todo está seguro. Ya puedes dormirte». Por su poder, «no [te inquietarás] por nada» y descubrirás la ««paz [...] que sobrepasa todo entendimiento» (NVI).

Querido Señor:

Les hablaste a tormentas. ¿Podrías hablarles a las nuestras? Calmaste el corazón de los apóstoles. ¿Podrías calmar nuestro caos interior? Les dijiste que no temieran. Dinos lo mismo. La preocupación nos tiene agotados; las tempestades de la vida nos han azotado y apocado. Oh, Príncipe de paz, concédenos un espíritu de calma.

Igual que pasamos la página de este libro, ¿pasarías una nueva página en nuestras vidas? Calma la ansiedad. Danos valor. Permítenos tener menos ansiedad y más fe.

En el nombre de Jesús, amén.

CELEBRA LA BONDAD DE DIOS

Alégrense en el Señor siempre.

Capítulo 2

ALÉGRATE EN LA SOBERANÍA DEL SEÑOR

No puedes controlar el mundo, pero sí puedes confiárselo a Dios.

Crecí en una familia a la que le encantaba ir a acampar. La idea de mi papá de unas vacaciones extraordinarias incluía montañas, riachuelos, tiendas de campaña y sacos de dormir. Deja que los demás paseen por ciudades grandes o disfruten los parques de diversiones. La familia Lucado pasaba a Mickey y se dirigía a las Montañas Rocosas.

Intenté mantener esta tradición con mi propia familia. Y fracasé. Nuestra idea de vivir sin las comodidades de siempre es pasar unos días apiñados en casa de unos parientes. Nos encantan las fogatas... siempre y cuando otro la encienda y el servicio en la habitación sea una opción. No soy tan audaz como mi papá.

A él le encantaba el equipo de campismo tanto como los viajes para ir a acampar. Un día, cuando yo tenía unos nueve años, papá regresó de la tienda de sobrantes del ejército con una tienda de campaña que se convirtió en parte de la tradición de los Lucado.

Era enorme. Acomodaba una docena de catres. Podíamos levantar la tienda con una mesa de picnic en el centro y todavía quedaba espacio para los sacos de dormir. Y, por supuesto, una tienda de campaña grande requería postes de tienda estables. Esta tienda trajo dos. No confundas estos postes con las versiones de aluminio, delgados y replegables que vienen con las tiendas de campaña de tamaño promedio. Oh, no, no. Estos postes estaban hechos de hierro fundido y eran del ancho de un antebrazo. Nuestro refugio no era lujoso. No tenía puertas con cremallera. Ni mosquiteros. No tenía diseños de camuflaje. Pero era firme. Que soplen los vientos. Que caiga la lluvia de verano. Que golpee el granizo. Que cambie el clima. No íbamos a ninguna parte.

En una ocasión, estábamos acampando en el Parque Estes, en Colorado, junto a los ocho hermanos de Papá. De pronto, el cielo se nubló. Se avecinaba una tormenta. Comenzó a llover copiosamente y el viento doblaba los pinos. Todo el mundo corrió a sus tiendas. En unos instantes, todo el mundo había abandonado su tienda y había corrido a la nuestra. A fin de cuentas, era la que tenía los dos postes de hierro fundido.

Me parece que tú y yo podríamos usar un par de esos postes. El mundo tiene su manera de hacer que soplen vientos fuertes. ¿Quién de nosotros no ha buscado protección de las inclemencias de la vida?

¡Si al menos nuestras tormentas se limitaran a vientos y lluvia! Las tempestades de nuestra vida son otras: dificultades, divorcio, enfermedades y muerte. ¿Sabe alguien dónde encontrar un refugio adecuado para estos ventarrones?

El apóstol Pablo sí sabía. Si alguien tenía razones para estar ansioso, era él. Deja que tu imaginación te remonte a dos mil años atrás. Imagínate a un anciano mirando por la ventana de una prisión romana.

Pablo tiene unos sesenta años, hace treinta que es cristiano y difícilmente haya un puerto en el Mediterráneo que no conozca.

¿Puedes ver lo encorvado que está? Todos los ángulos y las curvaturas. Achácale la culpa de su joroba a todos los kilómetros recorridos y a las palizas soportadas. Recibió treinta y nueve latigazos en cinco ocasiones distintas. Lo golpearon con varas en otras tres. Las cicatrices se entretejían en su piel como venas varicosas. En una ocasión lo dieron por muerto. Pablo ha sido encarcelado, ha sido abandonado por amigos y compañeros de trabajo y ha experimentado naufragios, tormentas y hambruna.

Probablemente está casi ciego y tiene que entrecerrar los ojos para poder leer (Gálatas 4.15). Y, encima, está esperando juicio ante el emperador romano. Nerón había aprendido a ganarse el favor de los ciudadanos romanos matando a creyentes, y Pablo es el más reconocido de ellos.

La receta de Pablo para la ansiedad comienza con un llamado a alegrarnos.

Como si la opresión del imperio no fuera suficiente, Pablo también lleva el peso de las iglesias recién nacidas. Los miembros están en riña. Los falsos maestros están predicando por ambición y envidia (Filipenses 1.15–17).

¡Vaya vida fácil la de un apóstol!

Su futuro es tan sombrío como su celda.

Sin embargo, cuando lees sus palabras, piensas que acabas de llegar a un hotel playero en Jamaica. Su carta a los filipenses no incluye ninguna palabra de miedo ni queja. ¡Ni siquiera una! Nunca sacude su puño ante Dios; en lugar de eso, le da las gracias e invita a sus lectores a hacer lo mismo.

«Alégrense siempre en el Señor. Insisto: ¡Alégrense!» (Filipenses 4.4 NVI). La receta de Pablo para la ansiedad comienza con un llamado a alegrarnos.

En este versículo, Pablo usó todas las herramientas que tenía en su caja, con la esperanza de captar nuestra atención. Primero, usó el presente imperativo para que sus lectores pudieran escucharlo decir continua y habitualmente, ¡alégrense![1] Y, por si el tiempo verbal no fuera bastante, eliminó la fecha de expiración. «Alégrense *siempre* en el Señor». Y, si acaso el tiempo verbal y *siempre* eran insuficientes, Pablo repitió la instrucción: «*Insisto*: ¡Alégrense!».

Pero ¿cómo alguien obedece esta instrucción? ¿Alegrarse siempre? ¿Acaso es posible que alguien mantenga un espíritu de alegría ininterrumpido? No. Ese no es el reto de Pablo. Se nos insta a «[alegrarnos] *en el Señor*». Este versículo es un llamado, no a un sentimiento, sino a una decisión y a una confianza profundamente arraigada de que Dios existe, de que él está en control y de que él es bueno.

El apóstol se mantuvo firme en esta creencia. Él había levantado estabilizadores de hierro fundido en el centro de su alma. Que Nerón se enoje. Que los predicadores promuevan su ambición. Que las tormentas rujan. La tienda de fe de Pablo jamás colapsaría. La había estabilizado con un sistema de creencias sólido.

¿Qué tan sólido es el tuyo?

Abre la tienda de tu alma y descubrirás una serie de convicciones que sirven de postes para estabilizar tu vida. Tu sistema de creencias es tu respuesta a las preguntas fundamentales sobre la vida: ¿existe alguien que controle el universo? ¿Tiene la vida algún propósito? ¿Tengo valor? ¿Todo lo que existe es esta vida?

Tu sistema de creencias no tiene nada que ver con el color de tu piel, tu apariencia, tus talentos o tu edad. A tu sistema de creencias no le preocupa el exterior de tu tienda, sino el interior. Es el conjunto de convicciones (postes) —todos ocultos— del que depende tu fe. Si tu sistema de creencias es sólido, te mantendrás en pie. Si es débil, la tormenta prevalecerá.

—•—

La convicción siempre precede a la conducta. Por esto, en cada una de sus epístolas, el apóstol Pablo abordó las convicciones antes de hablar sobre las acciones. Para cambiar la manera que una persona responde ante la vida, cambia lo que la persona cree sobre la vida. Lo más importante de ti es tu sistema de creencias.

Pablo estaba tan firme como el Gibraltar.

Fíjate bien en los postes de la tienda del apóstol y encontrarás uno con esta inscripción: la soberanía de Dios. *Soberanía* es el término que usa la Biblia para describir la supervisión y el control perfecto que Dios tiene del universo. Él mantiene y gobierna cada elemento. Él está continuamente involucrado con todas las cosas creadas y las dirige para que actúen en una forma que cumpla su propósito divino.

> *La convicción siempre precede a la conducta.*

Entender apropiadamente la soberanía tiene muchísima importancia en el tratamiento de la ansiedad. Muchas veces la ansiedad es consecuencia de nuestra percepción de caos. Si sentimos que somos víctimas de fuerzas invisibles, turbulentas y aleatorias, nos preocupamos.

Los psicólogos comprobaron este hecho luego de estudiar el impacto de combate en soldados de la Segunda Guerra Mundial. Ellos establecieron que después de sesenta días de combate continuo, los soldados de infantería se sentían «emocionalmente muertos». Esta reacción es comprensible. Estos soldados soportaban la continua amenaza de bombardeos, ametralladoras y francotiradores enemigos. La ansiedad de los soldados de infantería no era una sorpresa.

Sin embargo, la comparativa calma de los pilotos de combate sí lo era. Su tasa de mortalidad en combate estaba entre las más altas.

———•———

Cincuenta por ciento de ellos moría en acción; no obstante, los pilotos de combate amaban su trabajo. Asombrosamente, un noventa y tres por ciento de ellos aseguraba sentirse feliz en sus misiones, aun cuando la probabilidad de supervivencia era la misma que tirar una moneda al aire.[2]

¿Cuál era la diferencia? Aquellos pilotos tenían su mano en el acelerador. Se sentaban en la cabina. Sentían que ellos decidían su destino.[3] Por el contrario, a los soldados de infantería podían matarlos fácilmente mientras estaban parados o corriendo. Se sentían desamparados e indefensos. La fórmula es sencilla: la percepción de control produce calma. La falta de control origina temor.

La ansiedad aumenta conforme disminuye la percepción de control.

No necesitas una guerra para demostrar esta fórmula. Una congestión de tráfico es más que suficiente. Un grupo de investigadores alemanes descubrió que un embotellamiento triplica tus probabilidades de sufrir un ataque cardiaco.[4] Tiene sentido. Una congestión de tráfico es la pérdida de control máxima. Tal vez sepas cómo manejar, ¡pero el tipo en el carril del lado no sabe! Podemos ser los mejores conductores en la historia, pero el adolescente que envía mensajes de texto mientras maneja podría ser nuestro final. No existe la predictibilidad, solo estrés. La ansiedad aumenta conforme disminuye la percepción de control.

Entonces, ¿qué podemos hacer?

¿Controlarlo todo? Nunca abordes un avión sin un paracaídas. Nunca visites un restaurante sin llevar tus utensilios limpios. Nunca salgas de tu casa sin una máscara antigás. Nunca entregues tu corazón por miedo a que te lo rompan. Nunca pises la raya en la acera por miedo a alterar tu suerte. Enfrenta la ansiedad asumiendo el control.

¡Ah, si fuera posible hacerlo!

No obstante, la seguridad es una impostora cruel. Alguien puede acumular millones de dólares y aun así perderlos en una recesión. Un fanático de la salud puede comer solo nueces y vegetales y aun así batallar contra el cáncer. Un ermitaño puede evitar todo contacto humano y aun así luchar contra el insomnio. Queremos seguridad, pero lo único seguro es la falta de ella.

> *En lugar de rememorar en letanía el caos del mundo, alégrate en la soberanía del Señor, como hizo Pablo.*

Por esto las personas más estresadas son fanáticas del control. No consiguen lo que más persiguen. Mientras más intentan controlar el mundo, más se percatan de que no pueden. La vida se convierte en un ciclo de ansiedad, fracaso; ansiedad, fracaso; ansiedad, fracaso. No podemos tomar el control porque el control no nos corresponde.

La Biblia tiene una idea mejor. En lugar de buscar control absoluto, renuncia a él. No puedes controlar el mundo, pero sí puedes confiárselo a Dios. Este es el mensaje detrás del consejo de Pablo de «[alegrarse] siempre *en el Señor*». La paz está al alcance, no por falta de problemas, sino debido a la presencia de un Señor soberano. En lugar de rememorar en letanía el caos del mundo, alégrate en la soberanía del Señor, como hizo Pablo. «Lo que me ha pasado ha contribuido al avance del evangelio. Es más, se ha hecho evidente a toda la guardia del palacio y a todos los demás que estoy encadenado por causa de Cristo» (Filipenses 1.12, 13 NVI).

¿Y qué de aquellos alborotadores en la iglesia? ¿Los que predicaban por «envidia y rivalidad» (Filipenses 1.15 NVI)? Sus intenciones egoístas no fueron competencia ante la soberanía de Jesús. «Pero eso no importa; sean falsas o genuinas sus intenciones, el mensaje acerca de Cristo se predica de todas maneras, de modo que me gozo. Y seguiré gozándome» (Filipenses 1.18 NTV).

Pablo creía que «Dios también le exaltó [a Jesús] hasta lo sumo, y le dio un nombre que es sobre todo nombre» (Filipenses 2.9).

Tal vez las condiciones en la prisión fueran miserables, pero muy por encima de todo había un «Dios [... que] produce en ustedes tanto el querer como el hacer para que se cumpla su buena voluntad» (Filipenses 2.13 NVI).

Leer a Pablo es leer las palabras de un hombre quien, en lo más profundo de su ser, creía en la mano firme de un Dios bueno. La fuerza de Dios lo protegía; el amor de Dios lo guardaba. Él vivía a la sombra de las alas del Señor.

¿Y tú?

Equilibra tu alma con la soberanía de Dios. Él reina soberanamente sobre cada detalle del universo. «No hay sabiduría humana ni entendimiento ni proyecto que puedan hacerle frente al SEÑOR» (Proverbios 21.30 NTV). «Dios hace lo que quiere con los poderes celestiales y con los pueblos de la tierra. No hay quien se oponga a su poder ni quien le pida cuentas de sus actos» (Daniel 4.35 NVI). Él «sustenta todas las cosas» (Hebreos 1.3). Él puede «[llamar] con un silbido a la mosca que está en los lejanos ríos de Egipto» (Isaías 7.18 NVI). Él nombra a las estrellas y conoce a los gorriones. Grande o pequeño, desde el Ejército Popular de Liberación de China, hasta el ejército de hormigas en mi patio, todo está bajo su control. «¿Quién puede ordenar que algo suceda sin permiso del Señor? ¿No envía el Altísimo tanto calamidad como bien?» (Lamentaciones 3.37, 38 NTV).

La respuesta de Dios para los tiempos difíciles siempre ha sido la misma: en el cielo hay un trono que está ocupado. Sin duda, este fue el mensaje que Dios le dio al profeta Isaías. Durante el siglo XIII a. C., Judá disfrutaba de un periodo de paz relativa, gracias al liderazgo estable de Uzías, el rey. Uzías distaba mucho de ser perfecto, pero mantuvo a los enemigos a raya. Aunque los adversarios amenazaban desde todos los flancos, la presencia de Uzías mantuvo la frágil sociedad libre de ataques durante cincuenta y dos años.

Y, entonces, murió Uzías. Isaías, quien había vivido durante el reinado de Uzías, ahora tenía sobradas razones para preocuparse. ¿Qué le ocurriría al pueblo de Judá ahora que Uzías no estaba?

O, en tu caso, ¿qué pasará ahora que perdiste tu empleo? ¿O que estás enfermo? ¿O que la economía va en picada? ¿Tiene Dios un mensaje para su pueblo cuando llega la calamidad?

Él ciertamente tuvo un mensaje para Isaías. El profeta escribió:

El año de la muerte del rey Uzías, vi al Señor excelso y sublime, sentado en un trono; las orlas de su manto llenaban el templo. Por encima de él había serafines, cada uno de los cuales tenía seis alas: con dos de ellas se cubrían el rostro, con dos se cubrían los pies, y con dos volaban. Y se decían el uno al otro:

«Santo, santo, santo es el SEÑOR Todopoderoso;
toda la tierra está llena de su gloria» (Isaías 6.1–3 NVI).

———•———

Equilibra tu alma con la soberanía

de Dios. Él reina soberanamente

sobre cada detalle del universo.

El trono de Uzías estaba vacío, pero el trono de Dios estaba ocupado. El reinado de Uzías había terminado, pero el de Dios, no. La voz de Uzías estaba en silencio, pero la de Dios se escuchaba fuerte y clara (Isaías 6.8–10). Él estaba, y está, vivo; está en el trono y es digno de adoración eterna.

Dios no aplacó los temores de Isaías haciendo desaparecer el problema, sino revelando su poder divino y su presencia.

Míralo de esta manera. Imagínate que tu papá es el cirujano ortopeda más reconocido en todo el mundo. La gente viaja desde países lejanos para que los atienda. Él cambia regularmente articulaciones dañadas por unas saludables. Con la misma seguridad que la con que un mecánico cambia bujías, tu papá saca y reemplaza caderas, rodillas y hombros.

A los diez años eres algo joven para comprender los méritos de un cirujano afamado. Pero no eres demasiado joven para caerte por las escaleras y torcerte el tobillo. Te contorsionas en el suelo y gritas pidiendo ayuda. En unas cuantas semanas es tu primer baile escolar. No hay tiempo para muletas. No hay tiempo para cojera. ¡Necesitas un tobillo sano! Y el tuyo es cualquier cosa menos eso.

Y entonces tu papá entra a la habitación, y todavía viste su bata de cirujano. Te quita el zapato y tu media y examina la lesión. Te quejas cuando ves un chichón de tamaño de una pelota de tenis.

La ansiedad de adolescente entra en acción.

—Papá, ¿volveré a caminar?

—Seguro que sí.

—¡Nadie puede ayudarme!

—Yo puedo.

—¡Nadie sabe qué hacer!

———◦———

—Yo sé.

—No, no sabes.

Tu papá levanta su cabeza y te hace una pregunta: «¿Sabes a qué me dedico?».

Realmente no sabes. Sabes que todos los días va al hospital. Sabes que la gente lo llama «doctor». Tu mamá piensa que es muy inteligente. Pero tú no sabes realmente a qué se dedica tu papá.

«Bueno, es hora de que lo descubras», te dice mientras coloca una bolsa de hielo en tu tobillo. Cuando sales de la escuela al día siguiente, él te está esperando en el estacionamiento. «Dale, sube. Quiero que conozcas mi trabajo», te dice. Maneja hasta el hospital y te muestra la constelación de diplomas que cuelgan en su oficina. Al lado de ellos, hay toda una colección de premios que incluyen palabras como *distinguido* y *honorable*. Luego te entrega un manual de cirugía ortopédica que tiene su nombre en la portada.

—¿Tú escribiste esto? —le preguntas.

—Sí —te contesta.

Su teléfono celular suena. Después de la llamada, él anuncia: «Vamos al quirófano». Te lavas las manos y lo sigues a la sala de operaciones, caminando con tus muletas. Durante los próximos minutos ves desde un asiento de primera fila una operación de reconstrucción de tobillo. Él es el comandante de la sala de operaciones. Nunca duda ni busca consejo. Simplemente actúa.

Una de las enfermeras te susurra: «¡Tu papá es el mejor!».

Ya de camino a casa aquella tarde, miras a tu papá. Ahora lo ves con otros ojos. Si puede hacer una operación ortopédica, es muy probable que pueda tratar un tobillo hinchado. Así que le preguntas: «¿Crees que voy a estar bien para el baile?».

«Sí, vas a estar bien».

Esta vez sí le crees. Tu ansiedad disminuye conforme aumenta tu comprensión de tu papá.

Esto es lo que pienso: nuestros temores más grandes son tobillos torcidos para Dios.

Y también creo esto: mucha gente vive con ansiedad innecesaria por cojeras temporales.

La próxima vez que le temas al futuro, alégrate en la soberanía del Señor. Alégrate en lo que él ha hecho. Alégrate porque él puede hacer lo que tú eres incapaz de hacer. Llena tu mente con pensamientos de Dios.

> *Tu ansiedad disminuye conforme aumenta tu comprensión de tu papá.*

Él es el «Creador, el cual es
   bendito por los siglos»
   (Romanos 1.25).
«[Él] es el mismo ayer, y hoy, y por los siglos» (Hebreos 13.8).
«Tus años no tienen fin» (Salmos 102.27 NVI).
Él es rey, gobernante supremo, monarca absoluto y gobernante
   supremo de toda la historia.

Con solo arquear una ceja, un millón de ángeles se voltearán y le rendirán homenaje. Todos los tronos son una banqueta para el de él. Todas las coronas son papel maché al lado de la de él. No consulta con asesores. No necesita un congreso. No le rinde cuentas a nadie. Él está al mando.

———•———

La soberanía le da al santo un sendero ventajoso a la paz. Otros ven los problemas del mundo y retuercen las manos. Nosotros vemos los problemas del mundo y doblamos las rodillas.

Jeremías lo hizo.

> Mi alma se alejó de la paz, me olvidé del bien,
> Y dije: Perecieron mis fuerzas, y mi esperanza en Jehová.
> Acuérdate de mi aflicción y de mi abatimiento, del ajenjo y de
>   la hiel;
> Lo tendré aún en memoria, porque mi alma está abatida dentro
>   de mí. (Lamentaciones 3.17–20)

Jeremías fue el profeta de Judá durante uno de los periodos de rebelión más oscuros de esta tribu. Le llamaban el profeta llorón porque era cierto. Él lloraba por la condición del pueblo y la corrupción de su fe. Estaba tan ansioso que escribió un libro titulado Lamentaciones. Pero, entonces, pensó en la obra de Dios. Decidió elevar su mente para pensar en su rey. Fíjate en la intencionalidad de sus palabras:

> Pero algo más me viene a la memoria,
> lo cual me llena de esperanza:
> El gran amor del Señor nunca se acaba,
> y su compasión jamás se agota.
> Cada mañana se renuevan sus bondades;
> ¡muy grande es su fidelidad!
> Por tanto, digo:
> «El Señor es todo lo que tengo.

———•———

Otros ven los problemas del mundo y retuercen las manos. Nosotros vemos los problemas del mundo y doblamos las rodillas.

¡En él esperaré!».

Bueno es el Señor con quienes en él confían,

con todos los que lo buscan.

Bueno es esperar calladamente

que el Señor venga a salvarnos. (Lamentaciones 3.21–26 nvi)

Eleva tu mirada. No te pierdas en tus problemas. Atrévete a creer que pasarán cosas buenas. Atrévete a creer que Dios te estaba hablando cuando dijo: «Y sabemos que a los que aman a Dios, todas las cosas les ayudan a bien» (Romanos 8.28). La mente no puede estar llena de Dios y llena de temor al mismo tiempo. «¡Tú guardarás en perfecta paz a todos los que confían en ti; a todos los que concentran en ti sus pensamientos!» (Isaías 26.3 ntv). ¿Estás preocupado, intranquilo, desvelado? Entonces, alégrate en la soberanía del Señor. Te reto —te reto por partida doble— a que expongas tus preocupaciones a una hora de adoración. Tus inquietudes se derretirán como el hielo en una acera en pleno verano.

> *La mente no puede estar llena de Dios y llena de temor al mismo tiempo.*

La ansiedad disminuye conforme aumenta la confianza. En otro texto bíblico Jeremías establece una conexión directa entre la fe y la paz.

Bendito el hombre que confía en el Señor

y pone su confianza en él.

Será como un árbol plantado junto al agua,

que extiende sus raíces hacia la corriente;

no teme que llegue el calor,

y sus hojas están siempre verdes.

En época de sequía no se angustia,

y nunca deja de dar fruto. (Jeremías 17.7, 8 NVI)

Hace muchos años, estuve una semana visitando el interior de Brasil con un piloto misionero experimentado. Él volaba un circuito de aldeas remotas en un avión de cuatro sillas que amenazaba con deshacerse ante la corriente de viento más leve. Wilbur y Orville Wright tenían una aeronave más sólida.

No había manera de que me sintiera cómodo. No dejaba de pensar que el avión se iba a estrellar en alguna selva brasileña y que las pirañas me devorarían o que una anaconda me tragaría. No dejaba de moverme, miraba hacia abajo y me agarraba de mi asiento. (Como si eso fuera a ayudarme). Finalmente, el piloto se cansó de mi intranquilidad. Se volteó a mirarme y gritó más alto que el ruido del avión: «No vamos a enfrentar nada con lo que no pueda lidiar. Lo mejor sería que confiaras en mí para volar el avión».

¿Acaso Dios te está diciendo lo mismo?

Examina los postes que sostienen tu fe. Asegúrate que uno de ellos esté grabado con las palabras: «Mi Dios es soberano».

Capítulo 3

ALÉGRATE EN LA MISERICORDIA DEL SEÑOR

La culpa alborota el alma. La gracia la calma.

M i resaca era terrible, pero podría sobrevivir el dolor de cabeza. Sin duda tenía náuseas, pero sabía que pasaría.

La disciplina fue severa, pero la merecía.

Lo que no podía soportar era la culpa.

Me habían enseñado desde muy joven que no es correcto emborracharse. Nuestro árbol genealógico está marcado por una plaga de alcoholismo. Mi papá lo dejó muy claro: el abuso del alcohol trae problemas, y esos problemas conducen a la miseria. Él me llevaba regularmente a centros de rehabilitación para visitar a sus hermanos para el beneficio de ellos, y el nuestro. La guerra con la botella les costó sus matrimonios, empleos y salud. Mi papá me pidió encarecidamente que aprendiera de los errores de ellos. Más de una vez le prometí que jamás me embriagaría.

Entonces, ¿por qué lo hice? ¿Por qué mi amigo y yo, a los dieciséis años, nos emborrachamos de tal forma que ninguno de los dos podía manejar sin peligro de algún percance? ¿Por qué manejé de todas maneras? ¿Por qué bebí tanto que me acosté con la cabeza dando vueltas y el estómago con retortijones? ¿Por qué me emborraché tanto que solo podía abrazar el inodoro sin la fuerza necesaria para levantarme?

¿De verdad pensé que mi papá no me oiría vomitando? (Sí me oyó.) ¿Realmente pensé que creería mi excusa sobre comida mexicana? (No me creyó.) Cuando me desperté al otro día tenía una cabeza punzante, un padre furioso y esto: un sentimiento de culpa.

Existe una culpa que aplasta tu alma como un bloque de concreto y provoca que una persona se sienta culpable por estar viva. Existe una culpa que dice: *lo hice mal*. Y, entonces, existe una culpa que concluye: *soy una mala persona*. Esta fue la culpa sombría y profunda que sentí. De pronto estaba cara a cara con una versión de mí que nunca antes había conocido.

> *Detrás de las expresiones frenéticas en los rostros de la humanidad, encontramos remordimiento sin resolver.*

Quizás exista alguna persona en el planeta que no haya explorado esta ciénaga de remordimiento, pero todavía no la he conocido. ¿Qué te llevó al fondo? ¿Una aventura de una noche? ¿Las peleas callejeras? ¿Te echaste al bolsillo algo que no era tuyo? O tal vez tu culpa no es el resultado de un momento en la vida, sino de una época en tu vida. Fallaste como padre o madre. Echaste a perder tu carrera. Desperdiciaste tu juventud o tu dinero.

¿El resultado? La culpa.

¿Una consecuencia severa de la culpa? La ansiedad.

¿Te sorprende? En las listas de lo que típicamente provoca ansiedad, encontramos las agendas muy cargadas, las exigencias poco realistas o el tráfico pesado. Sin embargo, tenemos que profundizar más. Detrás de las expresiones frenéticas en los rostros de la humanidad, encontramos remordimiento sin resolver.

En efecto, el primer motivo de ansiedad de la raza humana puede atribuirse a la culpa. «Cuando el día comenzó a refrescar, el hombre y la mujer [Adán y Eva] oyeron que Dios el Señor andaba recorriendo el jardín; entonces corrieron a esconderse entre los árboles» (Génesis 3.8 nvi).

¿Qué le había ocurrido a la primera familia? Hasta este momento, no había indicios de que hubieran sentido ningún miedo o inquietud. Nunca se habían escondido de Dios. De hecho, no tenían nada que ocultar. «Y estaban ambos desnudos, Adán y su mujer, y no se avergonzaban» (Génesis 2.25).

Pero entonces apareció la serpiente y el fruto prohibido. La primera pareja le dijo que sí a la tentación de la serpiente y que no a Dios. Y, cuando lo hicieron, su mundo se aplastó como un acordeón. Adán y Eva se escabulleron entre los arbustos, se escondieron y sintieron una mezcla de vergüenza y miedo. Como tenían las migajas de las galletas que les dijeron que no se comieran, entonces fraguaron una sarta de maniobras de encubrimiento.

Fíjate en la secuencia. Primero vino la culpa. La ansiedad estaba en el remolque. La culpa manejaba el camión, pero la ansiedad saltó a la plataforma. Adán y Eva no sabían cómo afrontar su fracaso. Y nosotros tampoco. Pero aun así, lo intentamos. No nos escondemos en arbustos. Tenemos formas más sofisticadas para lidiar con nuestra culpa. Nosotros...

La adormecemos. Con una botella de vodka. Con una hora de pornografía en la Internet. Con un cigarrillo de marihuana, un encuentro en un motel. La culpa desaparece durante el «happy hour», ¿cierto? Y divertido cómo reaparece cuando llegamos a casa.

La negamos. Pretendemos que nunca tropezamos. Ingeniamos un plan para encubrir la mala decisión. Una mentira lleva a otra y luego a otra. Ajustamos la segunda historia para que se alinee con la primera. En poco tiempo, nuestro acto reflejo ante cualquier pregunta es: ¿cómo puedo prolongar la farsa?

La minimizamos. No pecamos; simplemente nos extraviamos en el camino. No pecamos; nos dejamos llevar por el momento. No pecamos; sencillamente tomamos la ruta equivocada. Solo fue un error de criterio.

La enterramos. Escondemos la culpa debajo de un montón de trabajo y de un calendario lleno de actividades. Mientras más ocupados estemos, menos tiempo nos queda para pasarlo con la gente que más detestamos: nosotros mismos.

La castigamos. Nos cortamos. Nos lastimamos. Nos damos una paliza. Nos azotamos. Si no usamos látigos, entonces usamos reglas. Más reglas. Listas largas de cosas por hacer y ritos que acatar. Penitencias dolorosas. ¡Ora más! ¡Estudia más! ¡Ofrenda más! Llega más temprano; acuéstate más tarde.

Evitamos mencionarla. Simplemente no lo saques a colación. No le digas a la familia, ni al predicador ni a los amigos. Mantén todo muy superficial y cruza los dedos porque el monstruo en la laguna de la culpa se mantenga en lo profundo.

La desviamos. Atacamos con palabras a nuestros hijos. Nos desquitamos con nuestro cónyuge. Les gritamos a los empleados o al conductor en el carril de al lado.

La neutralizamos. Decidimos que nunca más cometeremos otro error. Creamos la familia perfecta y la carrera perfecta. Sacamos las notas perfectas. Somos los cristianos perfectos. Todo tiene que ser perfecto: el pelo, el auto, el tono de voz. Nos mantenemos en control. Sin excepción, no toleramos los deslices ni las metidas de pata de nosotros ni de otros.

La personificamos. No nos emborrachamos; somos unos borrachos. No metimos la pata; somos un fracaso. No solo hicimos algo mal; somos malos. Malos hasta la médula. Quizás hasta nos enorgullecemos de nuestra maldad. Es solo cuestión de tiempo para que hagamos otra vez algo mal.

Adán y Eva se escondieron detrás de hojas de higuera, arbustos y mentiras. No ha cambiado mucho desde entonces.

Regresemos a la historia de Max a los dieciséis años y visualicemos al adolescente que despertó en la porqueriza del hijo pródigo. Imagínate que decide lidiar con su vergüenza usando alguna de las opciones de arriba o con una combinación de ellas. Quizás le resta importancia a lo que hizo o se hace de la vista gorda. Tal vez decide por la ruta despiadada del autocastigo. Por otra parte, podría anestesiar el remordimiento con más licor.

¿Qué le ocurriría a Max si nunca descubriera una manera saludable de lidiar con el fracaso? ¿Qué clase de persona crea la culpa no resuelta? Una persona ansiosa, que siempre se está escondiendo, huyendo, negando y fingiendo. Como reconoció un hombre en una ocasión:

«Me mantenía viviendo en una mentira por miedo a que alguien me viera tal cual soy y pensara mal de mí, me desaprobara, me rechazara o me juzgara. Así que me escondía detrás de mi hoja de higuera de la competencia o el conocimiento o la superespiritualidad o toda una lista de otras alternativas. Vivir esta mentira era agotador y me producía muchísima ansiedad».[1]

—•—

La culpa no resuelta te convertirá en una persona infeliz, agotada, enojada, estresada y preocupada. En un salmo que David probablemente escribió luego de su aventura con Betsabé, el rey dijo:

> Mientras me negué a confesar mi pecado,
> mi cuerpo se consumió,
> y gemía todo el día.
> Día y noche tu mano de disciplina pesaba sobre mí;
> mi fuerza se evaporó como agua al calor del verano. (Salmos
>   32.3, 4 NTV)

La culpa succiona la vida de nuestra alma.

La gracia la restaura.

El apóstol Pablo se aferró a esta gracia. En la misma medida que creía en la soberanía de Dios, también dependía de su misericordia.

Nadie tenía más razones que Pablo para sentir el peso de la culpa. Él había orquestado la muerte de muchos cristianos. Era la versión antigua de un terrorista: arrestaba a los creyentes y luego derramaba su sangre. «[Pablo] perseguía a la iglesia, y entraba de casa en casa para sacar a rastras a hombres y mujeres y mandarlos a la cárcel» (Hechos 8.3 DHH).

La culpa succiona la vida de nuestra alma.

Además, Pablo era un legalista hasta la médula. Antes de conocer a Cristo, Pablo había pasado toda su vida tratando de salvarse a sí mismo. Su salvación dependía de su perfección y desempeño.

De hecho, si otros tienen razones para confiar en sus propios esfuerzos, ¡yo las tengo aún más! Fui circuncidado cuando tenía ocho días de vida. Soy un ciudadano de Israel de pura cepa y miembro de la tribu de Benjamín, ¡un verdadero hebreo como no ha habido otro! Fui miembro de los fariseos, quienes exigen la obediencia más estricta a la ley judía. Era tan fanático que perseguía con crueldad a la iglesia, y en cuanto a la justicia, obedecía la ley al pie de la letra. (Filipenses 3.4–6 NTV)

Pablo tenía sangre en sus manos y diplomas religiosos en su pared. Pero entonces llegó el momento en el camino a Damasco. Jesús apareció. Y una vez Pablo vio a Jesús, ya no pudo ver más. Ya no pudo ver el valor en su currículum vitae. Ya no pudo ver el mérito en sus méritos ni el valor en sus buenas obras. Ya no pudo ver las razones para alardear de nada de lo que había hecho. Y no pudo ver ninguna otra opción, sino pasar el resto de su vida hablando menos de él y más sobre Jesús.

Se convirtió en el máximo poeta de la gracia. «Sin embargo, todo aquello que para mí era ganancia, ahora lo considero pérdida por causa de Cristo» (Filipenses 3.7 NVI).

A cambio de autosalvación, Dios le dio a Pablo justicia mediante la fe. «Ya no me apoyo en mi propia justicia, por medio de obedecer la ley; más bien, llego a ser justo por medio de la fe en Cristo» (Filipenses 3.9 NTV).

Pablo le entregó su culpa a Jesús. Punto. No la adormeció, ni la escondió, ni la negó, ni la enterró, ni la castigó. Simplemente la rindió ante Jesús. Como resultado, pudo escribir: «No pienso que yo mismo lo haya logrado ya. Más bien, una cosa hago: olvidando lo que queda atrás y esforzándome por alcanzar lo que está delante, sigo avanzando

———•———

47

hacia la meta para ganar el premio que Dios ofrece mediante su llamamiento celestial en Cristo Jesús» (Filipenses 3.13, 14 NVI).

¿Qué le diría el apóstol a un adolescente abrumado por un sentimiento de culpa? Esto: «Alégrate en la misericordia del Señor. Confía en su capacidad para perdonar. Abandona cualquier intento de salvarte por ti mismo o justificarte. Deja ya de esconderte detrás de hojas de higuera. Sumérgete en la gracia de Cristo; solo en su gracia».

Un santo feliz es aquel que es consciente, al mismo tiempo, de la gravedad del pecado y de la inmensidad de la gracia. El pecado no se reduce, ni tampoco la capacidad de Dios para perdonarlo. El santo mora en la gracia, no en la culpa. Así se define un alma tranquila.

La gracia de Dios es el terreno fértil de que retoña el valor. Como le dijo Pablo a Tito: «Dios ha demostrado cuánto ama a todo el mundo, pues les ha ofrecido la posibilidad de salvarse del castigo que merecen [...] Enseña estas cosas con toda autoridad, para animar [...] a la gente» (Tito 2.11, 15 TLA).

Puedo dar testimonio del poder de esta gracia. Podría llevarte a la ciudad, a la iglesia en la ciudad, a la sección de escaños dentro del templo. Tal vez podría encontrar el escaño exacto donde estaba sentado cuando esta gracia me encontró. Tenía veinte años y cursaba mi segundo año en la universidad. Durante cuatro años había vivido con el bloque de concreto de la culpa, no solo por aquella primera noche de borrachera, sino por las otras cien que siguieron. La culpa había convertido mi vida en un enorme lío y me encaminaba a una vida de miseria. Pero entonces escuché a un predicador hacer por mí lo que intento hacer por ti: me describió una gracia divina que es más grande que el pecado. Cuando al final del mensaje él preguntó si alguien quería pasar al frente y recibir aquella gracia, ni siquiera una

Un santo feliz es aquel que es consciente, al mismo tiempo, de la gravedad del pecado y de la inmensidad de la gracia. El pecado no se reduce, ni tampoco la capacidad de Dios para perdonarlo.

cadena de hierro habría podido detenerme. A decir verdad, estaba atado por cadenas. Pero la misericordia rompió las cadenas de la culpa y me libertó. Conozco esta verdad de primera mano: la culpa alborota el alma; la gracia la calma.

Ya han pasado cuarenta años. En el ínterin, me han acechado varios tipos de ansiedad. ¿Pero la ansiedad basada en la culpa? No, señor. Esa no. El beneficio de ser un pecador inmenso es la dependencia en una gracia inmensa. Encontré un perdón tan profundo que jamás podría medirlo; tan alto que jamás podría alcanzar su cúspide.

> Mi salvación no tiene nada que ver con mis obras y todo que ver con la obra consumada de Cristo en la cruz.

Nunca he sido ni más ni menos salvo que en el momento en que fui salvo por primera vez. Ninguna mala acción ha descontado de mi salvación. Ninguna buena acción, si es que hay alguna, la ha enriquecido. Mi salvación no tiene nada que ver con mis obras y todo que ver con la obra consumada de Cristo en la cruz.

¿Conoces esta gracia? Si no la conoces, hemos descubierto una fuente de tu ansiedad. Pensaste que el problema era tu calendario, tu matrimonio, tu trabajo. En realidad, es esta culpa sin resolver.

No la complazcas. No te ahogues en la cloaca de tu propia condenación. El parabrisas es más grande que el espejo retrovisor por una razón. Tu futuro importa más que tu pasado. La gracia de Dios es más grande que tu pecado. Lo que hiciste no fue bueno. Pero tu Dios *es* bueno. Y él te perdonará. Él está listo para escribir un nuevo capítulo en tu vida. Repite con Pablo: «olvidando lo que queda atrás y esforzándome por alcanzar lo que está delante, sigo avanzando hacia la meta para ganar el premio que Dios ofrece» (Filipenses 3.13, 14 NVI).

La otra noche, Denalyn y yo disfrutamos de una cena agradable en un restaurante local. Casi al mismo tiempo que recibimos nuestra cuenta, recibimos la visita de un miembro de la iglesia. Él nos había visto y se acercó a saludarnos. Charlamos por un momento, y entonces él extendió su mano, tomó nuestra cuenta y nos dijo: «Yo me encargo de esto». (¡Qué hombre piadoso!).

El parabrisas es más grande que el espejo retrovisor por una razón. Tu futuro importa más que tu pasado.

¿Sabes qué hice cuando tomó la cuenta? ¡Dejé que lo hiciera! ¡Y hasta ordené más postre! (No es cierto). Simplemente dejé que hiciera lo que deseaba hacer: permití que me quitara la cuenta.

Un día nos presentaremos ante Dios. Todos estaremos allí. Todos tendremos que rendir cuentas por nuestra vida. Cada pensamiento, cada obra, cada acción. Si no fuera por la gracia de Dios, este pensamiento me parecería aterrador.

Sin embargo, según las Escrituras, Jesús vino a «[quitar] el pecado del mundo» (Juan 1.29). Algún día, cuando comparezca ante el tribunal de Dios, voy a señalar a Cristo. Cuando presenten mi lista de pecados, haré un gesto hacia él y diré: «Él me la quitó».

Permite que te quite la tuya.

En uno de los libros de Henri Nouwen, él relata sobre la lección de confianza que aprendió de una familia de trapecistas conocida como «los Rodleigh Voladores». Luego de verlos volar por los aires

En el extraordinario acto

trapecista de la salvación,

Dios es el receptor y nosotros

somos los acróbatas voladores.

Nosotros confiamos. Punto.

con aplomo elegante, Nouwen los visitó entre bastidores. Cuando le preguntó a uno de los acróbatas voladores cuál era el secreto de los trapecistas, este respondió:

El secreto es que el acróbata volador no hace nada y el receptor lo hace todo. Cuando vuelo hacia Joe (mi receptor), simplemente estiro mis brazos y manos y espero que él me atrape y me hale hasta la plataforma [...]

Lo peor que puede hacer el acróbata volador es tratar de alcanzar al receptor. No se supone que yo atrape a Joe. La tarea de Joe es atraparme a mí. Si intentara aferrarme a las muñecas de Joe, podría fracturárselas o él podría fracturar las mías, y ese sería el final de ambos. El acróbata volador tiene que volar y el receptor tiene que atrapar; y el acróbata volador tiene que confiar, con sus brazos extendidos, que el receptor va a estar allí para él.[2]

En el extraordinario acto trapecista de la salvación, Dios es el receptor y nosotros somos los acróbatas voladores. Nosotros confiamos. Punto. Simplemente confiamos en la capacidad de Dios para atraparnos. Y, al hacerlo, ocurre algo extraordinario: volamos.

Tu Padre jamás ha dejado caer a nadie. No te dejará caer a ti. Su agarre es fuerte y sus manos están abiertas. Tal como proclamó el apóstol: «Yo *sé* que Dios siempre me cuidará y me protegerá de *todo mal*, hasta que me lleve a su reino celestial. ¡Él merece que lo alabemos por siempre! Amén» (2 Timoteo 4.18 TLA).

Colócate completamente bajo su cuidado. Y, al hacerlo, descubrirás que es posible —¡sí, posible!— estar ansiosos por nada.

———•———

Capítulo 4

ALÉGRATE EN EL SEÑOR *SIEMPRE*

Dios usa todo para que se cumpla su voluntad.

Coloca un dedo en cada una de tus sienes. Ahora eleva esta oración: *Gracias, Señor, por mis amígdalas cerebrales. Gracias, Señor, por los dos conjuntos de circuitos neuronales en forma de almendra que tengo en mi cerebro. No estaría vivo sin ellas.*

Y es verdad, no estarías vivo. Gracias a tus amígdalas cerebrales, corriste en busca de refugio cuando el oso pardo gruñó, retrocediste en el borde de la acera cuando el auto tocó la bocina y bajaste la cabeza cuando la pelota de béisbol venía en tu dirección.

Tus amígdalas cerebrales funcionan como un sistema de alarma. Si un intruso rompe una ventana o intenta abrir el cerrojo de la puerta de tu casa, el sistema de seguridad de tu casa te avisa. ¡Campanas, alarmas, bocinas, luces! ¡Levántate, corre y busca un lugar seguro! El sistema te alerta antes que tengas tiempo de pensar en ello.

Las amígdalas cerebrales hacen lo mismo. No pensamos conscientemente: *Se acerca un auto. Estoy en su camino. El auto es grande; yo soy pequeño. El auto es rápido; yo soy lento. Mejor es que me mueva.* Las amígdalas cerebrales estimulan una reacción antes de que sepamos que hace falta una. Y, cuando las amígdalas cerebrales lo ordenan, el resto del cuerpo reacciona. Nuestras pupilas se dilatan, y mejora nuestra visión. Respiramos más rápido, para que entre más oxígeno en nuestros pulmones. Nuestras pulsaciones aumentan, para que llegue más sangre a nuestro sistema. La adrenalina nos transforma en

Hércules. Somos más rápidos, más fuertes y más capaces de escapar del peligro o de lidiar con él. Los vasos sanguíneos superficiales se estrangulan, para reducir la pérdida de sangre relacionada al trauma en los momentos después de la lesión. Hasta el sistema intestinal reacciona, a veces vergonzosamente, para descargar el peso innecesario de lo que comimos en el almuerzo. Estamos listos para pelear o huir, de pronto más rápidos, con más fuerzas y más alertos.[1]

Apreciamos nuestras amígdalas cerebrales.

La ansiedad perpetua es como tener amígdalas cerebrales con un dedo inquieto en el gatillo.

Sin embargo, nos disgustan las que son hipersensibles. No queremos un sistema de seguridad en la casa que se dispare con una ráfaga de viento ni los ladridos de un perro. No queremos eso en nuestros hogares. Tampoco lo queremos en nuestra cabeza.

La ansiedad perpetua es como tener amígdalas cerebrales con un dedo inquieto en el gatillo. Ven un lunar en la piel y piensan en cáncer. Notan un bajón en la economía y piensan en una recesión. Escuchan a los adolescentes quejarse y concluyen: *van a usar drogas antes de irse de la casa.* La ansiedad perpetua es el sistema de alarma mental que nunca se apaga.

La ansiedad limitada es útil. Necesitamos ser alertados ante el peligro. Lo que no necesitamos es vivir todo el tiempo en un estado de alerta máxima.

He aquí la razón. Dios creó nuestros cerebros para reabastecerse a sí mismos con estimuladores de ánimo y tranquilizantes naturales como la dopamina y la serotonina. Ellas restablecen la alegría y la paz. No obstante, si las amígdalas cerebrales nunca paran, los tranquilizantes naturales no tienen la oportunidad de hacer su trabajo. El cerebro nunca se reinicia. Te sientes intranquilo, inestable, inquieto. Esta es la mala noticia. La buena noticia es esta: ¡Dios puede calmar nuestras amígdalas cerebrales! Y sin duda podría usar las palabras del apóstol Pablo para hacerlo. Pablo nos exhorta: «Alégrense *siempre* en el Señor» (Filipenses 4.4 nvi). No solo en los días de cobro, los viernes, los días buenos o en tu cumpleaños. Sino alégrense *siempre* en el Señor. No eres la primera persona que lee la palabra *siempre* y arquea las cejas. *¿Alégrense siempre en el Señor?*

«Sí, claro», mascula el lector desde su cama en el hospital.

«¿Cómo?», suspira el papá desempleado.

«¿Siempre?», cuestiona la mamá con el bebé que nació con una discapacidad.

Una cosa es alegrarte en el Señor cuando la vida te sonríe, pero ¿qué tal cuando todo está en tu contra?

José conoció este reto. Este héroe del Antiguo Testamento precedió al apóstol Pablo por cerca de veinte siglos. Sin embargo, ambos conocieron el reto del encarcelamiento. La prisión de José era húmeda y oscura; con celdas subterráneas y sin ventanas, comida rancia y agua amarga. No tenía manera de salir.

Ni tenía ningún amigo que lo ayudara. Él pensó que sí. José se había hecho amigo de dos hombres de la corte de Faraón. Uno era copero, el otro panadero, y ambos estaban preocupados por sus sueños. José tenía un talento natural para interpretar sueños y se ofreció a ayudarlos. Las noticias para el panadero no eran buenas («Pon tus asuntos en orden; vas a morir»), pero sí eran buenas para el copero («Empaca tus maletas; vas a regresar a servir a Faraón»). José le pidió al copero que lo recomendara. El copero acordó que lo haría. El corazón de José se aceleró; sus esperanzas aumentaron. Mantenía un ojo en la puerta de su celda, en espera de que lo liberaran en cualquier momento.

«El jefe de los coperos no se acordó de José, sino que se olvidó de él por completo» (Génesis 40.23 NVI). Y también el resto del mundo, según parecía. La historia de José es una de abandono.

A sus hermanos les habían disgustado los sueños y la fanfarronería de José, y decidieron matarlo y tirarlo en una cisterna. Si la avaricia de ellos no hubiera sido un poco más fuerte que su sed de sangre, José habría muerto. Cuando se les presentó la oportunidad de venderlo a una caravana de mercaderes, lo hicieron.

Su padre estaba desvinculado. Te habría gustado leer sobre la aparición repentina de Jacob para buscar a su hijo, rescatarlo y llevarlo de vuelta a casa. Pero no es así, porque Jacob no lo hizo. Él estaba MIA, desaparecido en acción.

A José lo llevaron a Egipto y lo sortearon como a un animal de granja. El bisnieto de Abraham fue vendido al mejor postor.

Así y todo, cayó de pie. José se abrió paso hasta la cima en casa de Potifar. Pero, entonces, la doña de la casa se encaprichó con él. La señora intentó seducirlo, José salió corriendo y dejó atrás su manto. Cuando ella lo acusó de violación, su esposo se puso del lado de ella y envió a José a la cárcel. José terminó en prisión por un crimen que no cometió.

Aun así, no se dio por vencido. Se convirtió en un prisionero modelo. José tendía su cama, hacía amigos, causó una buena impresión en el alcaide y este lo reconoció como recluso del mes y lo ascendió a prisionero-a-cargo. José conoció al copero y le pidió ayuda. El copero estuvo de acuerdo, pero se olvidó rápidamente y la crueldad inclinó la balanza. José languideció en prisión por dos años más sin noticias ni solución.

¡Dos años! Tiempo de sobra para darse por vencido. Tiempo de sobra para que el mundo se tornara gris y aparecieran las gárgolas del miedo. Tiempo de sobra para preguntarse: ¿así es como Dios trata a sus hijos? ¿Es esta la recompensa de Dios por buena conducta? Haces tu mejor esfuerzo y ¿esto es lo que recibes? Una celda y una cama dura. Si José se hizo estas preguntas, no lo sabemos. Pero sí tú te las haces, no estás solo.

Denalyn y yo pasamos la mayor parte de la pasada tarde escuchando a una esposa hablar de la más reciente aventura amorosa de su esposo. Esta es la tercera. Ella pensaba que habían superado el asunto de la infidelidad. El puente de la confianza estaba disfrutando de mortero y refuerzo nuevos. Estaban conversando más. Discutiendo menos. La vida parecía estar marchando por buen camino.

Entonces ella vio el cargo en la tarjeta de crédito. Lo confrontó. Él se puso a la defensiva. Ella perdió la cordura. Él se marchó. Es un desastre.

Entre gemidos, nos preguntó: «¿Dónde está Dios en todo esto?».

¿Y tú? No te enviaron a prisión, como a José, pero, de nuevo, tal vez sí. O terminaste en Alcohólicos Anónimos o en un albergue para mujeres o en la fila de desempleo. Y te preguntas: *Creo en Dios. ¿Sabe él lo que me está pasando? ¿Le importa?*

El deísmo dice que no. Dios creó el universo y luego lo abandonó.

El panteísmo dice que no. La creación no tiene historia ni propósito en sí misma; es simplemente una parte de Dios.

—◆—

El ateísmo dice que no. Como es de esperar, la filosofía que descarta la existencia de un dios, a su vez, también descartará la posibilidad de un plan divino.

Por otra parte, el cristianismo dice: «Sí, existe un Dios. Sí, este Dios es personal y está poderosamente involucrado en su creación».

«El Hijo es el resplandor de la gloria de Dios, la fiel imagen de lo que él es, y el que sostiene todas las cosas con su palabra poderosa» (Hebreos 1.3 NVI). La palabra griega que se traduce como «sostiene» es un término que se usa frecuentemente en el Nuevo Testamento para «cargar» o «llevar».[2] Los amigos *llevaron* al paralítico delante de Jesús, y los sirvientes *llevaron* el vino al maestresala de la boda (Lucas 5.18; Juan 2.8). Ellos garantizaron una entrega segura.

Decir que Jesús «sostiene todas las cosas con su palabra poderosa» es afirmar que él está dirigiendo la creación hacia un objetivo deseado. El uso del tiempo presente implica que Jesús está continuamente activo en su creación. Él ejerce supremacía sobre todas las cosas.

¿Distante? ¿Separado? Dios no es así. «Él ya existía antes de todas las cosas y mantiene unida toda la creación» (Colosenses 1.17 NTV). Si él diera un paso atrás, la creación colapsaría. Su renuncia significaría nuestra evaporación. «Puesto que en él vivimos, nos movemos y existimos» (Hechos 17.28 NVI).

Por causa de él, el agua se mantiene mojada y las rocas permanecen sólidas. Las leyes de la gravedad y la termodinámica no cambian de generación en generación. Con su mano al timón de la creación, la primavera todavía viene después del invierno y el invierno sigue al otoño. El universo tiene un orden. Él lo sostiene todo.

Y esto es crucial: él usa todo para que se cumpla su voluntad. Dios «hace todas las cosas conforme al designio de su voluntad»

(Efesios 1.11 NVI). En el original griego de este versículo se usa la palabra *energeō*.[3] Dios es la energía y la fuerza energizante detrás de todo. Ningún momento, suceso o detalle queda fuera de su supervisión. Él se para frente al universo igual que un director frente a su orquesta y llama a los elementos a tocar su parte en la repetición divina.

> Haces que crezca la hierba para el ganado,
>
> y las plantas que la gente cultiva
>
> para sacar de la tierra su alimento:
>
> el vino que alegra el corazón,
>
> el aceite que hace brillar el rostro,
>
> y el pan que sustenta la vida. (Salmos 104.14, 15 NVI)

Dios es el que «hace salir su sol sobre malos y buenos, y que hace llover sobre justos e injustos» (Mateo 5.45). Dios es el que alimenta a las aves y vela a los gorriones (Mateo 6.26; 10.29). Dios es el que está en control de todo, aun los detalles de nuestras vidas.

Él no se está inventando este plan sobre la marcha. No le dio cuerda al reloj y se fue. «El Dios Altísimo gobierna los reinos del mundo y designa a quien él quiere para que los gobierne» (Daniel 5.21 NTV). «Dios es el único que juzga; él decide quién se levantará y quién caerá» (Salmos 75.7 NTV). «No se calmará el ardor de la ira de Jehová, hasta que haya hecho y cumplido los pensamientos de su corazón» (Jeremías 30.24).

¡Cuántos verbos fuertes! Dios «gobierna», «juzga», «haya hecho», «haya cumplido». Cada uno confirma la existencia de un Arquitecto y planos celestiales, y sus planos te incluyen a ti. «En Cristo también fuimos [...] predestinados según el plan de aquel que hace todas las cosas conforme al designio de su voluntad» (Efesios 1.11 NVI).

Ahora bien, si Dios está en control, ¿por qué José estaba en la cárcel? ¿Por qué está en caos el matrimonio de nuestra amiga? ¿Por qué Dios permite que enfrentemos retos? ¿Acaso un Dios todopoderoso no los impediría?

No si ellos sirven al propósito superior de Dios. ¿Recuerdas el resto de la historia de José? Cuando a Faraón le inquietaron sus sueños, el copero se acordó de la petición de José. Él le mencionó el nombre de José a Faraón y tan rápido como dirías *providencia*, José subió de la prisión al palacio. José interpretó el sueño, que era la predicción de una hambruna. Faraón lo ascendió a primer ministro, y José manejó exitosamente la crisis y no solo salvó a los egipcios, sino también a la familia de Jacob.

Años más tarde, José les diría a sus hermanos: «Ustedes pensaron hacerme mal, pero Dios transformó ese mal en bien para lograr lo que hoy estamos viendo: salvar la vida de mucha gente. Así que, ¡no tengan miedo! Yo cuidaré de ustedes y de sus hijos» (Génesis 50.20, 21 NVI). Dos palabras en el centro de este pasaje revelan el corazón de la esperanza providencial: *pero Dios.* «Ustedes pensaron hacerme mal, pero Dios...». Lo que había sido propuesto para hacer mal se convirtió en bien. ¿Por qué? Porque José mantuvo a Dios en el centro de su circunstancia.

José miró los sufrimientos de su vida a través del lente de la providencia divina. ¿Puedo exhortarte a que hagas lo mismo? Si no lo haces, la ansiedad te acechará todos los días de tu vida. Con toda franqueza, no tengo palabras para contrarrestar el estrés del ateo o del agnóstico. ¿Qué alivia la ansiedad de ellos? ¿El yoga?

———•———

¿Los ejercicios de respiración profunda? ¿Las velas con aromas que calman el estrés? Esto parece como competir en una justa con un palillo de dientes. La soberanía de Dios, por otro lado, nos ofrece que peleemos contra la embestida del miedo con la espada que tiene inscritas las palabras *pero Dios*.

La compañía está reduciendo el personal, *pero Dios* todavía es soberano.

El cáncer regresó, *pero Dios* todavía ocupa el trono.

Me comporté como un patán durante los primeros años de mi matrimonio, *pero Dios* me enseñó cómo dirigir a mi familia.

Mi alma estaba atribulada y ansiosa, *pero Dios* me ha dado valor.

Los hermanos tenían toda la intención de hacerle daño a José. Pero Dios, en su providencia, usó la mala intención de ellos para un bien mayor. Él nunca les robó a los hermanos su libre albedrío. Nunca les impuso su naturaleza. Pero tampoco permitió que el pecado y la naturaleza pecaminosa de ellos dominaran el asunto. Él reorientó

> La soberanía de Dios, por otro lado, nos ofrece que peleemos contra la embestida del miedo con la espada que tiene inscritas las palabras pero Dios.

el mal en bien. Dios usa todo para que se cumpla su propósito. No hay manera de disuadirlo en su plan de sostener y llevar a la creación a su gloria destinada.

La evidencia de providencia máxima es la muerte de Cristo en la cruz. No hubo otro acto tan perverso. No hubo otro día tan oscuro.

Sin embargo, Dios no solo sabía de la crucifixión, él la ordenó. Como Pedro les dijo a los asesinos: «Y a ese hombre, que conforme a los planes y propósitos de Dios fue entregado, ustedes lo mataron, crucificándolo por medio de hombres malvados. *Pero Dios* lo resucitó, liberándolo de los dolores de la muerte, porque la muerte no podía tenerlo dominado» (Hechos 2.23, 24 DHH).

Dios tomó la crucifixión del viernes y la convirtió en la celebración del domingo.

Todo el mundo pensó que la vida de Jesús había terminado... *pero Dios*. Su Hijo estaba muerto y lo habían enterrado, pero Dios lo resucitó. Dios tomó la crucifixión del viernes y la convirtió en la celebración del domingo.

¿Acaso no puede él hacer un cambio completo por ti?

Siento mucho el dolor que te ha causado la vida. Siento mucho que tus padres te hayan abandonado. Siento mucho si tu maestra no te prestó atención. Siento mucho si un rompecorazones dijo «sí» el día de tu boda, pero luego dijo «no» todos los días siguientes. Siento mucho si te tocaron inapropiadamente, si se burlaron intencionalmente o si te echaron injustamente. Siento mucho que hayas terminado en Egipto.

No obstante, si algo podemos aprender de la historia de José, es esto: siempre tenemos una opción. Podemos vestirnos con nuestro dolor o vestirnos con nuestra esperanza. Podemos cubrirnos con nuestra desgracia o podemos cubrirnos con la providencia de Dios. Podemos derrumbarnos ante el pandemonio de la vida o podemos apoyarnos en el perfecto plan de Dios. Y podemos creer esta promesa:

———•———

«Sabemos que Dios dispone todas las cosas para el bien de quienes lo aman, los que han sido llamados de acuerdo con su propósito» (Romanos 8.28 nvi).

En las famosas tiendas de encaje en Bruselas, Bélgica, existen ciertos cuartos donde solo se hilan los encajes más finos y con los diseños más delicados. Estos cuartos están completamente oscuros, excepto por un rayo de luz natural de una ventana solitaria. En el cuarto solo se sienta un hilador. La luz alumbra el diseño, mientras que el hilador permanece en la oscuridad.[4]

¿Ha permitido Dios un tiempo de oscuridad en tu mundo? Miras, pero no puedes verlo. Solo ves la tela de circunstancias entretejidas y entrelazadas. Podrías cuestionarte el propósito detrás de este hilo o el de aquel. Pero puedes estar seguro de algo: Dios tiene un diseño. Él tiene un plan. Todavía no ha terminado, pero, cuando lo haga, el encaje será hermoso.

Hace algún tiempo, hice una visita especial al Hotel American Colony en Jerusalén. Estaba en Israel y tenía una lista muy larga de lugares que quería visitar. Pero al tope de la lista tenía el vestíbulo del Hotel American Colony. Lo puse en mi itinerario no porque yo sea, también, norteamericano. Ni porque la comida en el restaurante sea deliciosa ni las instalaciones sean particularmente hermosas. La comida sí es exquisita y el establecimiento sí es estupendo, pero fui por otra razón. Quería ver la letra escrita a mano que cuelga de la pared, enmarcada y visible para todo el que quiera verla.

Horatio Spafford escribió la letra, y nunca se imaginó que llegarían a ser las palabras de uno de los himnos más amados en el mundo entero. Spafford era un abogado próspero y un anciano de la iglesia presbiteriana. En 1871, él y su esposa, Anna, sufrieron pérdidas trágicas

---◆---

Podrías cuestionarte el propósito

detrás de este hilo o el de aquel.

Pero puedes estar seguro de

algo: Dios tiene un diseño. Él

tiene un plan. Todavía no ha

terminado, pero, cuando lo

haga, el encaje será hermoso.

---◆---

en los fuegos de Chicago. En noviembre de 1873, Anna y las hijas de la pareja zarparon a Europa con un grupo de amistades. Horatio se quedó atendiendo algunos asuntos de negocios. El 2 de diciembre, Spafford recibió un telegrama de su esposa que comenzaba: «Salva sola. ¿Qué debo hacer?».[5] Él pronto se enteró de que el barco había chocado con una embarcación inglesa y se había hundido. Sus cuatro hijas se ahogaron y Anna sobrevivió. Horatio viajó inmediatamente a Inglaterra para traer a Anna de vuelta a casa. Durante la travesía, mientras navegaba en el barco, escribió la letra de una canción que se convertiría en un himno a la providencia de Dios.

A la larga, él y Anna se mudaron a Jerusalén y allí establecieron una sociedad cristiana, creada para ministrar a las necesidades de todas las personas. Con el tiempo, el grupo creció y se mudó a una casa más grande a las afueras de la ciudad. La casa se convirtió en una posada y luego en un hotel. Todavía está abierto y aún sirve como el lugar donde se exhiben estas palabras escritas por un hombre consternado en un mar sacudido por una tormenta.

Estoy bien (Alcancé salvación)

De paz inundada mi senda ya esté
O cúbrala un mar de aflicción,
cualquiera que sea mi suerte, diré:
Estoy bien, tengo paz, ¡gloria a Dios!

Estoy bien (estoy bien)
Con mi Dios (con mi Dios)
Estoy bien, estoy bien, con mi Dios

Ya venga la prueba o me tiente Satán,
No amengua mi fe ni mi amor;
Pues Cristo comprende mis luchas, mi afán
Y su sangre obrará en mi favor

Oh cuánto me gozo en Su salvación
Fue pleno Su amor y perdón
Clavó mi pecar en la cruz, lo olvidó
¡Gloria a Dios! ¡Gloria al Hijo de Dios!

La fe tornaráse en feliz realidad
Al irse la niebla veloz,
Desciende Jesús con su gran Majestad,
¡Aleluya! Estoy bien con mi Dios.[6]

Confiemos de tal manera en la providencia de Dios que también podamos decir lo mismo.

Siempre.

PÍDELE AYUDA
A DIOS

Presenten sus peticiones a Dios.

Capítulo 5

CALMA CONTAGIOSA

*La ansiedad es innecesaria
porque Dios está cerca.*

———•———

Era cuestión de que apretaran un botón rojo para que ocurriera un desastre. Cuatro submarinos rusos patrullaban las costas de la Florida. Los buques de guerra norteamericanos habían lanzado cargas de profundidad. El capitán ruso estaba estresado, listo para apretar el gatillo y preparado para destruir algunas ciudades norteamericanas. Cada submarino estaba armado con un misil nuclear. Cada misil nuclear tenía el potencial de repetir un desastre tipo Hiroshima.

De no haber sido por la calma contagiosa de un oficial con pensamiento lúcido, la Tercera Guerra Mundial hubiera comenzado en 1962. Su nombre era Vasily Arkhipov. Con solo treinta y seis años de edad, era el jefe de estado mayor para una flota clandestina de submarinos rusos. Los miembros de la tripulación asumieron que los enviaban en una misión de entrenamiento cerca de la costa de Siberia. Luego descubrieron que los habían comisionado para viajar cinco mil millas hacia el sudoeste para instalar una punta de lanza para una base cerca de La Habana, Cuba.

Los submarinos se dirigieron hacia el sur, y la misión también se fue al fondo. Para moverse rápidamente, los submarinos navegaron en la superficie del agua, donde se toparon de frente con el Huracán Daisy. Las olas de dieciséis metros de alto dejaron a los soldados con náuseas y a los sistemas operativos averiados.

Y entonces se añadió el problema de las aguas tibias. Los submarinos soviéticos habían sido diseñados para aguas polares, no para el Atlántico tropical. La temperatura dentro de las embarcaciones excedía cuarenta y ocho grados centígrados. La tripulación batalló contra el calor y la claustrofobia durante la mayor parte de la travesía de tres semanas. Para cuando se acercaron a las costas de Cuba, los hombres estaban extenuados, con los nervios de punta y ansiosos.

La situación empeoró cuando los submarinos recibieron instrucciones crípticas desde Moscú de que se dirigieran hacia el norte y patrullaran las costas de la Florida. Poco después de adentrarse en aguas norteamericanas, su radar detectó la señal de una docena de barcos y aviones. Los norteamericanos estaban siguiendo a los rusos. Los barcos norteamericanos activaron las cargas de profundidad. Los rusos asumieron que estaban bajo ataque.

El capitán perdió la compostura. Convocó al personal a su puesto de comando y dio varios puños en la mesa. «¡Vamos a dispararles de inmediato! Vamos a morir, pero los vamos a hundir a todos... ¡no vamos a deshonrar a nuestra marina!».

El mundo estaba al borde de una guerra. Pero, entonces, Vasily Arkhipov pidió un momento a solas con su capitán. Los dos hombres se fueron a una esquina. Él instó a su superior a reconsiderar su decisión. Le sugirió que hablaran con los norteamericanos antes de reaccionar. El capitán lo escuchó. Su coraje se enfrió. Ordenó que los submarinos salieran a la superficie.

Los norteamericanos rodearon a los rusos y los mantuvieron bajo vigilancia. No está claro cuál era su intención, pues un par de días después los soviéticos se sumergieron, eludieron a los norteamericanos y regresaron a su base sanos y salvos.

Este increíble roce con la muerte se mantuvo en secreto durante décadas. Arkhipov merecía una medalla; sin embargo, vivió el resto de su vida sin recibir ningún reconocimiento. No fue hasta 2002 que el público escuchó sobre la catástrofe que apenas se evitó. Tal como lo expresó el presidente del Archivo Nacional de Seguridad: «La lección de este [suceso] es que un hombre llamado Vasily Arkhipov salvó el mundo».[1]

¿Qué tiene esta historia de importante? No vas a pasar tres semanas en un sofocante submarino ruso. Pero tal vez pases un semestre con una carga académica demasiado pesada o te toque pelear contra los vientos contrarios de una recesión. Quizás pases una noche tras otra al lado de la cama de un hijo enfermo o un padre que está envejeciendo. Tal vez luches por mantener a tu familia unida o una empresa a flote o para evitar que una escuela se vaya a pique.

Te sentirás tentado a apretar el botón, no de misiles nucleares, pero sí de estallidos de ira, de un aluvión de acusaciones, de feroces represalias de palabras hirientes. La ansiedad descontrolada produce olas de destrucción. ¿Cuántas personas han sido heridas a causa del estrés desenfrenado?

¿Y cuántos desastres se han evitado gracias a que una persona se negó a ceder ante la presión? Esta es la calma a la que Pablo está llamando en la primera de un trío de enunciados. «Que su amabilidad sea evidente a todos. El Señor está cerca. No se inquieten por nada» (Filipenses 4.5, 6 NVI).

La palabra griega que aquí se traduce como «gentileza» en RVR60, (*epieikes*) describe un temperamento experimentado y maduro.[2] Vislumbra una actitud que es apropiada para la ocasión, ecuánime y serena. Una reacción amable es firme, equitativa y justa. Considera «humana y razonablemente los hechos de un caso».[3] Lo contrario sería una reacción exagerada o una sensación de pánico.

Esta amabilidad es «evidente a todos». Tus familiares toman nota. Tus amigos sienten una diferencia. Tus compañeros de trabajo se benefician de ello. Es posible que otros se asusten y salgan corriendo, pero la persona amable piensa con claridad. Contagiosamente en calma.

La persona contagiosamente calmada le recuerda a los demás: «Dios está en control». Este es el ejecutivo que le dice a la compañía: «Pongamos todos de nuestra parte; vamos a estar bien». Este es el líder que enfrenta el reto, lo reconoce y dice: «Estos son tiempos difíciles, pero vamos a superarlos».

> *La persona contagiosamente calmada le recuerda a los demás: «Dios está en control».*

Amabilidad. ¿Dónde extraemos esta joya? ¿Cómo podemos tú y yo mantener nuestras manos lejos del gatillo? ¿Cómo podemos conservar nuestra cabeza cuando los demás la están perdiendo? Penetramos en las profundidades de la segunda oración: «Que su amabilidad sea evidente a todos. El Señor está cerca. No se inquieten por nada» (Filipenses 4.5, 6 NVI).

¡El Señor está cerca! No estás solo. Tal vez te sientes solo. Puedes pensar que estás solo. Sin embargo, no existe ningún momento en el que enfrentes la vida sin ayuda. Dios está cerca.

Dios promete repetidamente su presencia proverbial a su pueblo.

Dios le dijo a Abram: «No temas [...] yo soy tu escudo, y tu galardón será sobremanera grande» (Génesis 15.1).

El ángel le anunció a Agar: «No temas, pues Dios ha escuchado» (Génesis 21.17 NVI).

Cuando los filisteos expulsaron a Isaac de su tierra y lo obligaron a mudarse de ciudad en ciudad, Dios se le apareció y le recordó: «No tengas miedo, porque yo estoy contigo» (Génesis 26.24 NTV).

Después de la muerte de Moisés, Dios le dijo a Josué: «¡Sé fuerte y valiente! ¡No tengas miedo ni te desanimes! Porque el SEÑOR tu Dios te acompañará dondequiera que vayas» (Josué 1.9 NVI).

Dios estuvo con David, a pesar de su adulterio. Con Jacob, a pesar de su confabulación. Con Elías, a pesar de su falta de fe.

Luego, en la declaración máxima de comunión, Dios se llamó a sí mismo Emanuel, que significa «Dios con nosotros». Se hizo carne. Se hizo pecado. Derrotó el sepulcro. Todavía está con nosotros. A través de su Espíritu, nos consuela, nos enseña, nos convence de culpa.

No asumas que Dios está mirando desde lejos. El pensamiento: *¡Dios te ha abandonado!* es como arena movediza. Evítala. No cedas a esta mentira. Si lo haces, una sensación de soledad amplificará tu problema. Una cosa es enfrentar una dificultad, ¿pero enfrentarla completamente solo? El aislamiento crea un ciclo de miedo descendente. En lugar de esto, elige ser la persona que se aferra a la presencia de Dios con ambas manos. «El SEÑOR está conmigo, y no tengo miedo; ¿qué me puede hacer un simple mortal?» (Salmos 118.6 NVI).

Como el Señor está cerca, no podemos tener miedo ni estar ansiosos por nada. Este es el punto de Pablo. Recuerda, él estaba escribiendo una carta. Él no usó capítulos ni números de versículos. Los eruditos crearon ese sistema en los siglos trece y dieciséis. La estructura nos ayuda, pero también puede ponernos trabas. La intención del apóstol era que las palabras en los versículos cinco y seis se

El aislamiento crea un ciclo de miedo descendente. En lugar de esto, elige ser la persona que se aferra a la presencia de Dios con ambas manos.

leyeran de un solo golpe. El Señor está cerca. [Por consiguiente,] no se inquieten por nada». Los antiguos comentaristas notaron esto. A Juan Crisóstomo le gustaba expresarlo de esta manera: «El Señor está al alcance de tu mano. No tengas ansiedad».[4] Teodoreto de Ciro tradujo las palabras: «El Señor está cerca. No te preocupes».[5]

¡Podemos llevar tranquilamente nuestras preocupaciones ante Dios porque él está tan cerca como nuestro próximo respiro!

Esta fue la lección reconfortante del milagro del pan y los peces. En un evento creado para hablar al corazón ansioso, Jesús les dijo a sus discípulos que hicieran lo imposible: alimenten a cinco mil personas.

«Cuando alzó Jesús los ojos, y vio que había venido a él gran multitud, dijo a Felipe: ¿De dónde compraremos pan para que coman éstos? Pero esto decía para probarle; porque él sabía lo que había de hacer» (Juan 6.5, 6). Cuando Juan describió la concurrencia como una «gran multitud» era en serio. Había cinco mil hombres, más mujeres y niños (Mateo 14.21). Imagínate un estadio lleno a capacidad y tienes el cuadro completo. Jesús quería alimentar a toda la multitud.

Los discípulos, por su parte, querían deshacerse de ellos. «Despide a la multitud, para que vayan por las aldeas y compren de comer» (Mateo 14.15). Detecto algo de ansiedad en sus palabras. Siento un tono de molestia, de frustración. No llamaron «Maestro» a Jesús. No le presentaron una sugerencia. Se acercaron a él como grupo y le dijeron lo que tenía que hacer. Los discípulos ven un valle repleto de personas hambrientas. Aquellos estómagos gruñendo pronto se transformarían en rostros ceñudos, y los discípulos podrían tener un motín en sus manos. Tenían todas las razones para sentirse inquietos.

Pero, por otra parte, ¿acaso no tenían las mismas razones para sentirse en paz? A estas alturas en su experiencia con Jesús, lo habían visto

- sanar a un leproso (Mateo 8.3),
- sanar al criado del centurión sin acercarse al lecho del enfermo (Mateo 8.13),
- sanar a la suegra de Pedro (Mateo 8.15),
- calmar un mar violento (Mateo 8.26),
- sanar a un paralítico (Mateo 9.7),
- sanar a una mujer que había estado enferma por doce años (Mateo 9.22),
- resucitar a una niña (Mateo 9.25),
- echar fuera a un espíritu inmundo (Marcos 1.25),
- sanar a un hombre poseído por demonios en un cementerio (Marcos 5.15),
- convertir agua en vino (Juan 2.9) y
- sanar a un hombre que había sido paralítico por treinta y ocho años (Juan 5.9).

¿Acaso alguno de los discípulos se detuvo un momento para pensar: *Bueno, Jesús sanó a enfermos, resucitó a la niñita y calmó las olas tempestuosas. Me pregunto si tendrá alguna solución que no hemos visto. Después de todo, él está aquí mismo. Voy a preguntarle.*

¿Se le ocurrió a alguien pedirle ayuda a Jesús?

¡La respuesta asombrosa es no! Actuaron como si Jesús no estuviera allí. En lugar de contar con Cristo, tuvieron la osadía de decirle al Creador del mundo que no se podía hacer nada porque no tenían dinero suficiente.

¿Cómo Jesús mantuvo su compostura? ¿Cómo hizo para no mirar a los discípulos y decirles: «¿Acaso han olvidado quién soy yo»?

Finalmente, un niño le ofreció a Andrés su cesta de almuerzo, y él, con algo de duda, le mencionó la oferta a Jesús.

—Hagan que se sienten todos —ordenó Jesús. En ese lugar había mucha hierba. Así que se sentaron, y los varones adultos eran como cinco mil. Jesús tomó entonces los panes, dio gracias y distribuyó a los que estaban sentados todo lo que quisieron. Lo mismo hizo con los pescados.

Una vez que quedaron satisfechos, dijo a sus discípulos:

—Recojan los pedazos que sobraron, para que no se desperdicie nada.

Así lo hicieron y, con los pedazos de los cinco panes de cebada que les sobraron a los que habían comido, llenaron doce canastas. (Juan 6.10–13 nvi)

No gastaron ni una moneda. Ellos comenzaron el día con doscientas monedas. Y lo terminaron con doscientas monedas. Además, llenaron doce canastas con comida sobrante. ¿Tal vez un recuerdo para cada discípulo? La multitud fue alimentada, la cuenta bancaria no fue tocada y tenemos una lección que aprender: la ansiedad es innecesaria porque Jesús está cerca.

No estás enfrentando cinco mil barrigas hambrientas, pero estás haciendo frente a un plazo límite en dos días... un ser querido que necesita una cura... un hijo al que están acosando en la escuela... un cónyuge enredado en tentación. Por un lado, tienes un problema. En el otro, tienes una cantidad limitada de sabiduría, energía, paciencia o tiempo. Lo que tienes dista mucho de lo que necesitas. Tienes suficiente para llenar un dedal y necesitas llenar un balde. Típicamente, te pondrías ansioso. Le pedirías a Dios que eliminara tu problema. «Jesús, ¡me has dado mucho más de lo que puedo manejar!».

En esta ocasión, en vez de comenzar con lo que tienes, comienza con Jesús. Comienza con sus riquezas, sus recursos y su fortaleza. Antes de abrir el libro donde llevas tus cuentas, abre tu corazón. Antes de contar monedas o contar cabezas, cuenta las veces que Jesús te ha ayudado a enfrentar lo imposible. Antes de reaccionar con miedo, alza tu vista en fe. Tómate un momento.

Antes de reaccionar con miedo, alza tu vista en fe.

Recurre a tu Padre por ayuda.

En su excelente libro, *The Dance of Hope* [El baile de la esperanza], Bill Frey recuerda el día cuando intentó arrancar el tocón de un árbol del suelo de Georgia. En aquel entonces tenía once años. Una de sus tareas era recolectar leña para una pequeña estufa y la chimenea de su casa. Él buscaba en el bosque los tocones de árboles de pino y los cortaba en leña. Los mejores tocones estaban saturados con resina y, por lo tanto, se quemaban mejor.

Un día, encontró un tocón cerca de la casa. Y se propuso desenterrarlo. Haló y empujó durante horas. El sistema de raíces estaba tan profundo que no podía sacarlo. Después de algún tiempo, su papá lo vio trabajando y se acercó a observarlo.

—Creo que veo tu problema —le dijo.

———•———

84

—¿Cuál es? —preguntó Bill.

—No estás usando toda tu fuerza.

Bill estalló en coraje y le explicó a su papá lo mucho y lo duro que había trabajado.

—No —le dijo— no estás usando toda tu fuerza. Todavía no me has pedido que te ayude.[6]

Este asunto del manejo de la ansiedad es como arrancar tocones de la tierra. Algunas de tus preocupaciones tienen sistemas de raíces muy profundas. Arrancarlas es una tarea muy, muy difícil. De hecho, es posible que sea el reto más difícil de todos. Pero no tienes que hacerlo solo.

Preséntale a tu Padre tu dificultad y pídele ayuda.

¿Resolverá él la situación? Sí lo hará.

¿La resolverá inmediatamente? Quizás. O, tal vez, parte de la prueba es un curso avanzado en paciencia.

Pero algo es seguro: la calma contagiosa ocurrirá según el grado en que recurramos a él.

Capítulo 6

ORACIÓN, NO DESESPERACIÓN

La paz llega cuando la gente ora.

———•———

El juez era dueño de una mansión con acceso controlado en los Hamptons. La piscina tenía la forma de un signo de dólar. Fumaba puros cubanos, vestía trajes Armani y manejaba un cupé Porsche Carrera 911, con una matrícula personalizada que leía *A mi manera*. Estaba en la nómina de todos los jefes de la mafia y los traficantes de drogas de la costa este. Ellos lo mantenían en su cargo; él los mantenía fuera de prisión. Ellos le daban votos; él les garantizaba la libertad.

Negocio redondo.

Él era un delincuente. Su mamá lo sabía. Su sacerdote lo sabía. Sus hijos lo sabían. Dios lo sabía. Al juez no le importaba. Nunca le dio a Dios un segundo pensamiento ni a una persona honesta una segunda oportunidad. De acuerdo con Jesús, el juez era un sinvergüenza.

Sin duda alguna, a él no le importaba la viuda. «En el mismo pueblo había una viuda que insistía en pedirle: "Hágame usted justicia contra mi adversario"» (Lucas 18.2 nvi).

La llamaremos Edna. Su apariencia era muy sencilla: el pelo atado en un moño, un vestido a cuadros y unas viejas zapatillas de correr que parecían que las había rescatado en una venta de patio. Si el juez parecía un Cadillac, Edna parecía un auto viejo. Pero aun siendo un auto viejo tenía muchos caballos de fuerza. Ella estaba decidida a escapar de cierto adversario. ¿Un cobrador? ¿Un arrendador enojado? ¿Un vecino abusivo? Alguien se había vuelto en su contra. Alguien había decidido dejarla sin una blanca. Ella defendió su caso y suplicó por justicia. No tuvo suerte. Había agotado todas las soluciones posibles. Finalmente, en un arranque de audacia, buscó la ayuda del juez.

Todas las mañanas, cuando él se bajaba de su limusina, allí estaba Edna en la acera de la corte. «Su Señoría, ¿podría hablar con usted un minuto?».

Cuando salía de su despacho, allí estaba Edna esperándolo en el pasillo. «Juez, necesito su ayuda».

En el de Giovanni, donde almorzaba el juez, ella se acercaba a su mesa. «Solo unos pocos minutos de su tiempo». ¿Cómo esquivaba al jefe de meseros? El juez nunca pudo averiguarlo. Pero allí estaba.

Edna hasta se sentaba en primera fila en la corte durante los juicios y sostenía un cartel que decía: «¿Puede ayudarme?».

Cuando el juez jugaba golf los sábados por la mañana, la viuda salía de entre los arbustos en el cuarto hoyo. «Su Señoría, tengo una petición».

Le daba una palmadita en el hombro cuando entraba al teatro. «Disculpe, señor. Necesito su ayuda».

Edna también contrariaba a la esposa del juez y acosaba a su secretaria. «¡Haz algo con respecto a Edna!», le exigieron. «¡Es una plaga!».

«Durante un tiempo, el juez no le hizo caso» (Lucas 18.4 NTV).

Un día, cuando le dijeron que no había moros en la costa, salió de prisa de su oficina hacia su limusina y brincó al asiento trasero, solo para encontrarse con ya sabes quién. ¡Edna estaba en el auto! Estaba atrapado.

El juez la miró y suspiró.

—Señora, usted no entiende, ¿ah? No me gusta la gente. No creo en Dios. No hay nada bueno en mi interior. Y aun así usted sigue pidiéndome que la ayude.

—Solo un pequeño favor —le pidió Edna, mostrándole su dedo pulgar a un centímetro de su dedo índice.

Con sus dientes apretados, el juez refunfuñó:

—Todo sea por deshacerme de usted. ¿Qué quiere?

Edna soltó una historia que incluía las palabras «viuda» y «arruinada» y la frase «orden de desalojo». El juez estaba mirando por la ventana mientras ella le rogaba que interviniera, y entonces pensó: «Aunque no temo a Dios ni tengo consideración de nadie, como esta viuda no deja de molestarme, voy a tener que hacerle justicia, no sea que con sus visitas me haga la vida imposible» (Lucas 18.4, 5 NVI).

Cuando Edna finalmente pausó para respirar, él aprovechó su silencio.

—¡Ya basta! Listo. Voy a darle una oportunidad.

—¿En serio?

—Sí, con una condición.

—La que sea.

—¡Tiene que desaparecer de mi vida!

—Sí, lo prometo —le contestó una Edna radiante—. ¿Puedo abrazarlo?

Él le dijo que no, pero ella lo abrazó de todas formas.

Edna saltó fuera del auto y bailó una giga en la acera. El juez deshonesto se marchó, refunfuñando. Y nosotros, los lectores, miramos en el libro de Lucas y nos preguntamos: ¿por qué esta historia está en la Biblia?

Un funcionario corrupto. Una molestosa persistente. Benevolencia renuente. Nada de compasión ni preocupación. ¿Hay algún mensaje en este relato? ¿Acaso es Dios un juez renuente? ¿Somos nosotros la viuda marginada? ¿Es la oración un asunto de importunar a Dios hasta que no resista y nos dé lo que queremos?

No, esta es una parábola de contraste, no de comparación. El juez refunfuñó, se quejó y murmuró. Sin embargo, «dio un veredicto justo al final, ¿acaso no creen que Dios hará justicia a su pueblo escogido que clama a él día y noche? [...] Les digo, ¡él pronto les hará justicia!» (Lucas 18.7, 8 NTV). Dios no es el juez renuente en esta historia. Y tú no eres la viuda. En esta historia, la viuda estaba al final de la jerarquía. No tenía a nadie a quien recurrir. Pero como hijo del Rey, tú estás al frente de la fila. Tú, en cualquier momento, puedes recurrir a Dios.

Dios ama el sonido de tu voz. Siempre.

Dios no se demora. No te pone en espera ni te dice que llames más tarde. Dios ama el sonido de tu voz. Siempre. No se esconde cuando llamas. Él escucha tus oraciones.

Por esa razón, «no se inquieten por nada; más bien, en toda ocasión, con oración y ruego, presenten sus peticiones a Dios» (Filipenses 4.6 NVI).

Con este versículo, el apóstol nos llama a tomar acción contra la ansiedad. Hasta aquí, él ha estado asegurándonos sobre el carácter de Dios: su soberanía, misericordia y presencia. Ahora es nuestro turno de actuar según lo que creemos. Elegimos oración antes que desesperación. La paz llega cuando la gente ora.

Me gusta la historia del padre que estaba enseñándole el Padrenuestro a su hijita de tres años. Ella repetía las líneas después de él. Finalmente, ella decidió hacerlo sola. El papá escuchaba con orgullo mientras ella pronunciaba cuidadosamente cada palabra, hasta casi el final de la oración: «Y no nos dejes caer en tentación, sino líbranos del e-mail».

Hoy día eso parece una petición apropiada. Dios nos llama a que oremos por todo. Los términos *oración*, *ruego* y *peticiones* son parecidos, pero no son idénticos. La oración es una devoción general; la palabra incluye alabanza y adoración. El ruego sugiere humildad. Somos los que rogamos en el sentido que no hacemos exigencias; simplemente presentamos peticiones humildes. Una petición es exactamente eso: una súplica específica. Le decimos a Dios exactamente lo que queremos. Oramos los pormenores de nuestros problemas.

La paz llega cuando la gente ora.

Lo que Jesús le dijo al ciego nos repite a nosotros: «¿Qué quieres que haga por ti?» (Lucas 18.41 NVI). Uno pensaría que la respuesta era obvia. Cuando un hombre ciego pide la ayuda de Jesús, ¿no es obvio lo que necesita? Sin embargo, Jesús quería escuchar que el hombre expresara sus peticiones específicas.

Y él quiere lo mismo de nosotros. «Presenten sus peticiones a Dios». Cuando se estaba acabando el vino en la boda, a María no le bastó decir: «Ayúdanos, Jesús». Ella fue específica: «Ya no tienen vino» (Juan 2.3 NVI). El amigo necesitado en la parábola de Jesús pidió: «Amigo, préstame tres panes» (Lucas 11.5 NVI). No dijo «dame algo de comer» o «¿puedes ayudarme?». Él hizo una petición específica. Aun Jesús, en el huerto de Getsemaní, oró específicamente: «Pasa de mí esta copa» (Lucas 22.42). ¿Por qué esto es importante? Puedo pensar en tres razones.

1. *Una oración específica es una oración importante.* Si te digo: «¿Te importaría si paso por tu casa en algún momento?», tal

vez no me tomes en serio. Pero supón que te diga: «¿Puedo pasar por tu casa el viernes en la noche? Tengo un problema en el trabajo y realmente necesito tu consejo. Puedo llegar a las siete y te prometo que me voy a las ocho». Entonces entiendes que mi petición es sincera. Cuando le presentamos a Dios peticiones específicas, Dios entiende lo mismo.

2. *Una oración específica es una oportunidad para ver a Dios en acción*. Cuando vemos que él responde de una forma específica a peticiones específicas, nuestra fe crece. El libro de Génesis nos narra sobre la maravillosa oración del siervo de Abraham. Él fue enviado a Mesopotamia, la tierra natal de Abraham, para encontrarle una esposa al hijo de su amo. ¿Cómo escoge un siervo una esposa para otra persona? Este siervo oró.

> «Oh Señor, Dios de mi amo, Abraham —oró—. Te ruego que hoy me des éxito y muestres amor inagotable a mi amo, Abraham. Aquí me encuentro junto a este manantial, y las jóvenes de la ciudad vienen a sacar agua. Mi petición es la siguiente: yo le diré a una de ellas: "Por favor, deme de beber de su cántaro"; si ella dice: "Sí, beba usted, ¡y también daré de beber a sus camellos!", que sea ella la que has elegido como esposa para Isaac. De esa forma sabré que has mostrado amor inagotable a mi amo». (Génesis 24.12–14 NTV)

¿Crees que el siervo pudo haber sido más detallado? Él pidió por el éxito de su misión. Se imaginó un diálogo exacto y luego avanzó en fe. Las Escrituras dicen: «Entonces, antes de terminar su oración, vio a una joven llamada Rebeca» (v. 15 NTV). Ella dijo las palabras. El siervo recibió la respuesta a su oración. Vio a Dios obrando.

3. *Una oración específica crea una carga más ligera.* La ambigüedad y el que muchas de nuestras ansiedades no estén bien definidas hacen que parezcan amenazantes. Pero, si podemos sintetizar la dificultad en una frase, entonces se reduce su tamaño. Una cosa es orar así: *Señor, te ruego que bendigas la reunión que tengo mañana.* Otra muy distinta es orar así: *Señor, mañana tengo una conferencia con mi supervisora a las 2:00 p.m. Ella me intimida. ¿Podrías darme, por favor, un espíritu de paz para dormir bien esta noche? Concédeme sabiduría para llegar preparado a la reunión. ¿Y podrías también ablandar su corazón hacia mí y darle un espíritu generoso? Ayúdanos a tener una conversación amable en la que ambos nos beneficiemos y tu nombre sea honrado.* Ahí lo tienes. Redujiste el problema a una dificultad del tamaño de una oración.

Esto no es un endoso a la oración exigente y condicional que se atreve a decirle a Dios qué hacer y cuándo hacerlo. Tampoco estoy sugiriendo que el poder de la oración está en recitar la fórmula correcta o citar algún código secreto. No pienses ni por un instante que el poder de la oración está en la manera que la presentamos. Ni nuestras fórmulas ni nuestra elocuencia manipulan o impresionan a Dios. Pero una petición sincera sí lo conmueve. Después de todo, ¿acaso no es nuestro Padre? Como sus hijos, le honramos cuando le decimos exactamente lo que necesitamos.

En mis días buenos, comienzo mi mañana con una taza de café y una conversación con Dios. Pienso en el día que tengo por delante y presento mis peticiones. *Tengo una reunión con fulano o zutano a las 10:00 a.m. ¿Podrías darme sabiduría? Esta tarde tengo que terminar mi sermón. ¿Te importaría adelantarte, por favor?* Entonces, si comienzo a sentir algo de ansiedad durante el día, me recuerdo: *Ah, hoy en la mañana le entregué este reto a Dios. Él ya ha tomado responsabilidad por la situación. Puedo estar agradecido, no preocupado.*

«Pongan todas sus preocupaciones y ansiedades en las manos de Dios, porque él cuida de ustedes» (1 Pedro 5.7 NTV). Poner o depositar es una acción intencional de trasladar un objeto. Cuando los discípulos prepararon a Jesús para entrar en Jerusalén el Domingo de ramos, ellos «pusieron sus mantos encima del burrito» (Lucas 19.35 NVI). La muchedumbre se quitó los mantos de sus espaldas y los tendieron sobre el camino por donde Cristo iba a pasar. Que este «poner» sea tu primera respuesta ante las malas noticias. Tan pronto sientas que la ansiedad crece en tu interior, ponla en las manos de Cristo. Y hazlo específica e inmediatamente.

Yo hice un buen trabajo «poniendo mis problemas» en una clase de álgebra en la secundaria. Las imágenes de mi cerebro revelan que le falta toda una región llamada «Destinada para el álgebra». Recuerdo que me sentaba en la clase y miraba el libro de texto como si fuera una novela escrita en chino mandarín.

Dichosamente, tenía un maestro maravilloso y paciente. Él hizo esta invitación y yo la tomé en serio: «Si no puedes resolver algún problema, acércate a mi escritorio y te voy a ayudar».

Marqué el piso entre su escritorio y el mío. Cada vez que tenía una pregunta, me acercaba a su escritorio y le acordaba: «¿Recuerda que usted prometió ayudarnos?». Cuando decía que sí, sentía alivio y

---◆---

Tan pronto sientas que la ansiedad

crece en tu interior, ponla en

las manos de Cristo. Y hazlo

específica e inmediatamente.

---◆---

gratitud al instante. La verdad es que todavía tenía el problema, pero se lo había confiado al que sabía cómo resolverlo.

Haz lo mismo. Llévale tu problema a Cristo y dile: «Dijiste que me ayudarías, ¿verdad?».

El profeta Isaías del Antiguo Testamento dijo: «No se queden callados los que invocan al Señor [sus promesas]» (Isaías 62.6 DHH). Dios le dijo a Isaías: «Hazme recordar, entremos en juicio juntamente» (Isaías 43.26). Dios te invita —sí, te ordena— a recordarle sus promesas.

Añade un «tú dijiste...» a tus oraciones.

«Tú dijiste que estarías conmigo cuando pase por aguas profundas» (ver Isaías 43.2).

«Tú dijiste que estarías a mi lado cuando ande en valle de sombra» (ver Salmos 23.4).

«Tú dijiste que nunca me dejarías ni me abandonarías» (ver Hebreos 13.5).

Encuentra una promesa que se ajuste a tu problema y desarrolla tu oración alrededor de ella. Estas oraciones de fe tocan el corazón de Dios y activan los ángeles en el cielo. Los milagros se ponen en marcha. Tal vez tu respuesta no llegue de la noche a la mañana, pero llegará. Y te sobrepondrás.

«No se olviden de orar [...] Manténganse en estado de alerta, y no se den por vencidos. En sus oraciones, pidan siempre por todos los que forman parte del pueblo de Dios» (Efesios 6.18 TLA).

El camino a la paz está pavimentado con oración. Menos consternación, más súplica. Menos pensamientos ansiosos, más pensamientos saturados de oración. Mientras oras, la paz de Dios protegerá tu corazón y tu mente. Y, a la larga, ¿qué podría ser mejor?

---◆---

LLEVA Y DEJA TUS PREOCUPACIONES ANTE ÉL

Denle gracias...

Capítulo 7

GRATITUD ABUNDANTE

*El contentamiento basado en Cristo
nos convierte en personas fuertes.*

El río más ancho en el mundo no es el Misisipí ni el Amazonas ni el Nilo. El río más ancho en la tierra es un cuerpo de agua llamado «Si tan solo».

Muchedumbres se paran en sus riberas y miran el agua con ojos anhelantes. Desean cruzar, pero parece que no pueden encontrar el transbordador. Están convencidos de que el río Si tan solo los separa de la buena vida.

Si tan solo fuera más delgado, tendría una buena vida.

Si tan solo fuera más rico, tendría una buena vida.

Si tan solo llegaran los hijos. Si tan solo se fueran los hijos. Si tan solo pudiera irme de la casa, regresar a la casa, casarme, divorciarme.

Si mi piel estuviera libre de granos, mi calendario libre de gente, mi profesión fuera inmune a los despidos, entonces tendría una buena vida.

El río Si tan solo.

¿Estás parado en su ribera? ¿Parece que la buena vida siempre está a un *si tan solo* de distancia? ¿A una compra de distancia? ¿A un ascenso de distancia? ¿Una elección, transición o romance de distancia?

Si es así, entonces hemos encontrado una de las fuentes de tu ansiedad. Tienes prisa por cruzar el río y te preocupa que nunca puedas hacerlo. Por consiguiente, trabajas largas horas, pides más dinero prestado, aceptas nuevos proyectos y acumulas más responsabilidades. Estrés. Deudas. Noches cortas. Días largos. Todo es parte del precio del boleto a la tierra de la buena vida, ¿cierto?

No precisamente, según la opinión del apóstol Pablo. La buena vida no comienza cuando cambian las circunstancias, sino cuando cambia tu actitud hacia ellas. Repasemos su antídoto para la ansiedad. «No se inquieten por nada; más bien, en toda ocasión, con oración y ruego, presenten sus peticiones a Dios y denle gracias. Y la paz de Dios, que sobrepasa todo entendimiento, cuidará sus corazones y sus pensamientos en Cristo Jesús» (Filipenses 4.6, 7 NVI).

Pablo incluyó en estos versículos dos palabras esenciales que merecen atención especial: *denle gracias*. Tus expresiones «ayúdame a...», «por favor, dame...», «podrías mostrarme» deberían estar salpicadas con una palabra maravillosa: *gracias*.

La gratitud es tener conciencia absoluta de los beneficios de la vida. Es la mayor de las virtudes. Los estudios han relacionado la emoción con una variedad de efectos positivos. La gente agradecida tiende a ser más empática y son más propensas a perdonar a los demás. Las personas que mantienen un diario de agradecimiento suelen tener una actitud muy positiva ante la vida. Los individuos agradecidos demuestran menos envidia, materialismo y egocentrismo.

La gratitud aumenta la autoestima y mejora las relaciones, la calidad de sueño y la longevidad.[1] Si viniera en forma de píldora, la gratitud se consideraría la cura milagrosa. Entonces, no es de extrañar que la terapia de Dios para la ansiedad incluya una enorme y deliciosa ración de gratitud.

La gratitud nos aleja de las riberas del Si tan solo y nos escolta al fértil valle del Ya. El corazón ansioso dice: «Señor, si tan solo tuviera esto, aquello o lo otro, estaría bien». El corazón agradecido dice: «¡Ah, mira! *Ya* me has dado esto, aquello o lo otro. Gracias, Dios».

Mi amigo Jerry me enseñó el valor de la gratitud. Tiene setenta y ocho años y a menudo la suma total de golpes en su partido de golf es igual a su número de años. (Si alguna vez alcanzara yo lo mismo, entonces necesitaría vivir hasta los cien años). Su amada esposa, Ginger, sufre de la enfermedad de Parkinson. Lo que debió haber sido una etapa de jubilación maravillosa se echó a perder con múltiples hospitalizaciones, medicamentos y luchas. Hay muchos días en los que ella no puede mantener su balance. Jerry tiene que estar a su lado. Sin embargo, él nunca se queja. Siempre

La terapia de Dios para la ansiedad incluye una enorme y deliciosa ración de gratitud.

tiene una sonrisa y un chiste en los labios. Y, cuando jugamos golf, me gana implacablemente. Le pedí a Jerry su secreto y me dijo: «Todas las mañanas Ginger y yo nos sentamos juntos y cantamos un himno. Le pregunto qué quiere cantar. Ella siempre me dice: "Cuenta tus bendiciones". Así que lo cantamos. Y contamos nuestras bendiciones».

Dedica unos instantes a seguir el ejemplo de Jerry. Echa un vistazo a tus bendiciones.

¿Ves algunos amigos? ¿Familia? ¿Ves alguna gracia de parte de Dios? ¿El amor de Dios? ¿Ves algunos dones? ¿Talentos o capacidades? ¿Destrezas especiales?

Mientras consideras tus bendiciones, toma nota de lo que ocurre. La ansiedad hace sus maletas y se escabulle por la puerta trasera. La preocupación se niega a compartir el corazón con la gratitud. Unas gracias sinceras dejarán sin oxígeno al mundo de la preocupación. Entonces, repítelo a menudo. Enfócate más en lo que tienes y menos en lo que te falta. El apóstol Pablo fue modelo de esta postura.

> He aprendido a estar contento con lo que tengo. Sé vivir con casi nada o con todo lo necesario. He aprendido el secreto de vivir en cualquier situación, sea con el estómago lleno o vacío, con mucho o con poco. Pues todo lo puedo hacer por medio de Cristo, quien me da las fuerzas. (Filipenses 4.11–13 NTV)

Las circunstancias de la vida de Pablo en prisión eran miserables. Estaba bajo vigilancia constante. No tenía motivos para esperar que lo liberaran. Sin embargo, con sus muñecas encadenadas con grilletes, el apóstol declaró: «He aprendido el secreto de vivir [contento] en cualquier situación».

Es curioso que Pablo use el término *secreto*. Él no dice: «He aprendido el *principio*». O: «he aprendido el *concepto*». En cambio: «He aprendido el *secreto* de vivir [contento] en cualquier situación». Un secreto, por definición, es algo de información que se guarda entre un reducido número de personas. Es como si el apóstol nos pidiera que nos acercáramos para escucharlo susurrar: «¿Puedo contarles un secreto sobre la felicidad?».

> «He aprendido el secreto de vivir [contento] en cualquier situación, sea con el estómago lleno o vacío, con mucho o con poco» (v. 12 NTV).

La preocupación se niega a compartir el corazón con la gratitud. Unas gracias sinceras dejarán sin oxígeno al mundo de la preocupación.

¿Tu felicidad depende de lo que manejas? ¿De lo que vistes? ¿De lo que depositas? Si es así, te has inscrito en la competencia despiadada llamada materialismo. ¡No puedes ganarla! Siempre habrá un auto más nuevo que puedes comprar o un mejor vestido que puedes adquirir. Y, como la carrera no se puede ganar, te expones a la ansiedad. Si te defines según tus posesiones, te sentirás bien cuando tienes mucho y te sentirás mal cuando no es así.

El ciclo es predecible. Asumes: *Si compro el auto, seré feliz.* Compras el auto, pero el auto se deteriora. *Si me caso, seré feliz.* Así que te casas, pero tu cónyuge no cumple lo que prometió. *Si tenemos un bebé... Si consigo un trabajo nuevo... Si me puedo jubilar...* En cada caso, la alegría llega y luego merma. Para cuando llegas a viejo, te has montado en una montaña rusa de esperanza y desilusión. La vida te ha fallado reiteradamente, y sospechas que te defraudará otra vez.

> *La alegría condicionada nos transforma en personas heridas y preocupadas.*

La alegría condicionada nos transforma en personas heridas y preocupadas.

Pablo propone una estrategia más saludable. Él aprendió a estar contento con lo que tenía. Y esto es notable puesto que tenía muy poco. Él tenía una celda en lugar de una casa. Tenía cuatro paredes en lugar de un campo misionero. Tenía cadenas en lugar de prendas, un guardia en lugar de una esposa. ¿Cómo podía estar contento?

Sencillo. Pablo se enfocó en una lista diferente. Él tenía el amor de Dios. Tenía el perdón de pecados. Tenía la certeza de salvación.

Tenía a Cristo, y Cristo era suficiente. Lo que tenía en Cristo era mucho más que lo que no tenía en la vida.

He aquí un detalle interesante sobre su carta a los filipenses. En sus 104 versículos, Pablo mencionó a Jesús cuarenta veces. Cada dos versículos y medio, en promedio, Pablo estaba hablando de Cristo. «Porque para mí el vivir es Cristo, y el morir es ganancia» (Filipenses 1.21).

Su único objetivo era conocer a Jesús. Las riquezas no llamaban su atención. Los aplausos no le importaban. La tumba no lo intimidaba. Todo lo que deseaba era más de Cristo. Como resultado, estaba contento. En Jesús, Pablo encontró toda la satisfacción que deseaba su corazón.

Tú y yo podemos aprender lo mismo. El contentamiento basado en Cristo nos convierte en personas fuertes. Como nadie nos puede quitar a Cristo, nadie nos puede quitar nuestra alegría.

¿Puede la muerte quitarnos la alegría? No, Jesús es más grande que la muerte.

¿Puede el fracaso quitarnos la alegría? No, Jesús es más grande que nuestros pecados.

¿Puede la traición quitarnos la alegría? No, Jesús nunca nos dejará.

¿Puede la enfermedad quitarnos la alegría? No, Dios ha prometido que, ya sea de este lado de la tumba o del otro, él nos sanará.

¿Puede la desilusión quitarnos la alegría? No, porque, aun cuando tal vez nuestros planes no resulten, sabemos que el plan de Dios sí resultará.

La muerte, el fracaso, la traición, la enfermedad, la desilusión... nada puede quitarnos la alegría porque tampoco pueden quitarnos a nuestro Jesús.

Por favor, subraya esta oración: lo que tienes en Cristo es mucho más que lo que no tienes en la vida. Tienes a Dios —que está loco por ti—, y las fuerzas celestiales que velan por ti y te protegen. Tienes la presencia viva de Jesús en ti. En Cristo tienes todo.

Ancla tu corazón al carácter de Dios.

Él puede darte una felicidad que jamás pueden quitarte, una gracia que jamás caducará y una sabiduría que siempre aumentará. Él es la fuente de la esperanza viva que nunca se agotará.

Hace muchos años, yo vivía en una casa flotante atracada en el río Miami, en Miami, Florida. El nivel del río subía y bajaba con la marea. Y la casa flotante se sacudía de un lado a otro con el tráfico del río. Sin embargo, aunque el nivel cambiaba y la casa se sacudía, nunca se fue a la deriva. ¿Por qué? Porque estaba muy bien anclada.

¿Qué me dices de ti?

Ancla tu corazón al carácter de Dios. Tu bote se sacudirá. Los humores vendrán y se irán. Las situaciones fluctuarán. Pero ¿crees que te irás a la deriva en el Atlántico de la desesperación? No, porque has descubierto un contentamiento que resiste la tormenta.

No más «si tan solo». Esa es la placa de Petri donde se multiplica la ansiedad. Sustituye tus «si tan solo» con «ya». Aprecia lo que ya tienes. Atiende cada pensamiento ansioso con uno de gratitud y prepárate para un nuevo día de alegría.

Capítulo 8

LA PAZ DE DIOS
ES TU PAZ

*Tal vez estés enfrentando la tormenta
perfecta, pero Jesús te ofrece la paz perfecta.*

Cuando los marineros describen una tempestad de la que ningún navegante puede escapar, le llaman una tormenta perfecta. No es perfecta en el sentido de ideal. Es perfecta en el sentido de la combinación de factores. Todos los elementos —vientos huracanados, más un frente frío, más lluvia torrencial— se unen para crear el desastre invencible. El viento por sí solo sería un reto; ¿pero el viento más el frío más la lluvia torrencial? La receta perfecta para un desastre.

No necesitas ser un pescador para experimentar una tormenta perfecta. Todo lo que necesitas es un despido *más* una recesión. Una enfermedad *más* un cambio de trabajo. La ruptura de una relación *más* el rechazo de una universidad. Podemos lidiar con un reto... ¿pero dos o tres a la vez? ¿Una ola tras otra, vientos de tormenta seguidos por fuertes tronadas? Sería suficiente para preguntarte: «¿Sobreviviré?».

La respuesta de Pablo para esa pregunta es profunda y concisa. «Y la paz de Dios, que sobrepasa todo entendimiento, cuidará sus corazones y sus pensamientos en Cristo Jesús» (Filipenses 4.7 NVI).

Conforme hacemos nuestra parte (nos alegramos en el Señor, aspiramos a alcanzar un espíritu amable, oramos por todo y nos aferramos a la gratitud), Dios hace su parte. Él nos concede la paz de Dios. Fíjate que no es una paz *de parte* de Dios. Nuestro Padre nos da la misma paz *de* Dios. Él descarga la tranquilidad de la sala del trono en nuestro mundo, y el resultado es una calma inexplicable. Deberíamos estar preocupados, pero no lo estamos. Deberíamos estar contrariados, pero nos sentimos consolados. La paz de Dios trasciende toda lógica, todo plan y todo esfuerzo de explicarla.

Este tipo de paz no es un logro humano. Es un regalo de lo alto. «La paz les dejo; mi paz les doy. Yo no se la doy a ustedes como la da el mundo. No se angustien ni se acobarden» (Juan 14.27 NVI).

La paz de Dios trasciende toda lógica, todo plan y todo esfuerzo de explicarla.

¡Jesús te promete su cosecha de paz! La paz que calmó su corazón cuando fue acusado falsamente. La paz que estabilizó su voz cuando le habló a Pilato. La paz que mantuvo sus pensamientos claros y su corazón puro mientras colgaba en la cruz. Esta era su paz. Esta puede ser tu paz.

Esta paz «guardará [nuestros] corazones y [nuestros] pensamientos en Cristo Jesús» (Filipenses 4.7).

Dios asume la responsabilidad por los corazones y las mentes de aquellos que creen en él. A medida que lo celebramos y oramos a él, Dios levanta una fortaleza alrededor de nuestros corazones y nuestras mentes para protegernos de los ataques de Satanás. Como afirma la letra del antiguo himno:

> Castillo fuerte es nuestro Dios,
> Defensa y buen escudo.
> Con su poder nos librará
> En todo trance agudo.[1]

Martín Lutero escribió estas palabras siglos después de que el apóstol Pablo escribiera sus epístolas. Pero, si Pablo hubiera escuchado el himno, lo habría cantado con absoluta convicción. Él conocía de primera mano la paz y la protección de Dios. En efecto, la acababa de experimentar en el último evento importante de su vida antes de su encarcelamiento: una travesía por mar de Cesarea a Roma.

Cuando Pablo escribió el párrafo de «no se inquieten por nada», había atravesado recientemente una tormenta en el Mediterráneo. En su último viaje documentado, Pablo abordó un barco en Cesarea con destino a Italia. Lucas viajaba con él, así como Aristarco, un hermano cristiano de Tesalónica. En el barco había algunos prisioneros, y se supone que eran hombres condenados cuyo destino final era el coliseo romano. La travesía había sido tranquila hasta que atracaron en Sidón. En la siguiente parada, Mira, cambiaron de embarcación. Allí los hicieron abordar un barco egipcio grande que transportaba cereales. Los barcos, que medían unos treinta metros de largo y quizás pesaban más de mil toneladas, eran fuertes, pero no estaban diseñados para navegar bien cuando enfrentaban mucho viento.[2]

A duras penas llegaron cerca de Gnido. De allí navegaron hacia el sur, al resguardo de la isla de Creta, hasta que llegaron a Buenos Puertos, más o menos a la mitad de la costa de la isla. Los Buenos Puertos no eran «buenos» a la vista. La cámara de comercio le había puesto el nombre, supongo que con la intención de atraer negocios.

Los marineros no querían quedarse en Buenos Puertos. Sabían que no podrían llegar a Roma antes del invierno, pero preferían el puerto de Fenice.

Pablo trató de convencerlos de que cambiaran de idea. La tripulación tenía razones para escucharlo, pues Pablo conocía muy bien de tormentas en el mar y naufragios (2 Corintios 11.25). Un libro antiguo describe los peligros de navegar en este momento del año como «luz natural muy pobre, noches largas, nubosidad densa, escasa visibilidad y vientos, lluvia y nieve doblemente fuertes».[3] Él conocía el peligro de una travesía invernal y emitió una fuerte advertencia. Sin embargo, a los ojos del capitán, Pablo era simplemente un predicador judío. Así que levaron anclas y zarparon hacia un mejor puerto (Hechos 27.1–12).

«Pero no mucho después dio contra la nave un viento huracanado llamado Euroclidón» (v. 14). ¡Qué palabra tan acertada! Un compuesto del término griego *euros*, viento del este, y del latín *aquilo*, viento del norte.[4] Algunas traducciones llaman a este viento por su nombre: un nordeste o nororiente.[5] La temperatura bajó abruptamente. Las velas se movían de un lado a otro. Las olas producían espuma. Los marineros buscaban tierra y no podían verla. Se toparon con la tormenta y no podían evadirla.

Todos los elementos de la tormenta perfecta estaban confluyendo:

un mar invernal
un viento feroz
un barco difícil de navegar
una tripulación impaciente

Individualmente, estos elementos eran manejables; pero colectivamente eran formidables. Así que la tripulación hizo lo que pudo. Sujetaron el bote salvavidas que tenían a bordo y amarraron con sogas el casco del barco. Bajaron el ancla flotante y comenzaron a arrojar al mar la carga del barco. Pero nada funcionó.

La paz que mantuvo sus

pensamientos claros y su

corazón puro mientras colgaba

en la cruz. Esta era su paz.

Esta puede ser tu paz.

El versículo 20 parece una sentencia de muerte: «Como pasaron muchos días sin que aparecieran ni el sol ni las estrellas, y la tempestad seguía arreciando, perdimos al fin toda esperanza de salvarnos» (NVI).

La tormenta perfecta cobró su cuota.

¡Y duró catorce días (v. 27)! Catorce horas te sacudirían. (¡Catorce minutos acabarían conmigo!). ¿Pero dos semanas sin sol en el día ni estrellas en la noche? Catorce días dando tumbos, subiendo hacia los cielos y zambulléndose en el mar. El océano retumbó, chapoteó y rugió. Los marineros perdieron todo su apetito por comida. Perdieron todas las razones para tener esperanza. Se rindieron. Y, cuando se rindieron, Pabló habló.

> Entonces Pablo, como hacía ya mucho que no comíamos, puesto en pie en medio de ellos, dijo: Habría sido por cierto conveniente, oh varones, haberme oído, y no zarpar de Creta tan sólo para recibir este perjuicio y pérdida. Pero ahora os exhorto a tener buen ánimo, pues no habrá ninguna pérdida de vida entre vosotros, sino solamente de la nave. (vv. 21, 22)

¡Qué contraste! Los marineros, que sabían cómo navegar en las tormentas, se dieron por vencidos. Pablo, un predicador judío que supuestamente sabía muy poco de navegación, se convirtió en el portador de valor. ¿Qué sabía él que ellos no sabían?

Una pregunta mejor es: ¿qué dijo él que tú necesitas escuchar? ¿Estás dando tumbos en los vientos de un nordeste? Como los marineros, has hecho todo lo posible para sobrevivir: amarraste el casco del barco y bajaste el ancla. Consultaste con el banco, cambiaste tu dieta, llamaste a los abogados, llamaste a tu supervisor, ajustaste el presupuesto. Ya fuiste a consejería, rehabilitación o terapia. Sin embargo, el mar sigue revolviéndose en una espuma feroz. ¿Te está acechando el miedo por todos lados? Entonces, deja que Dios te hable. Permite que Dios te dé lo que le dio a los marineros: paz perfecta.

Pablo comenzó con una amonestación: «Habría sido por cierto conveniente, oh varones, haberme oído». No nos gusta que nos reprendan, corrijan o regañen. No obstante, cuando ignoramos las advertencias de Dios, un regaño está en orden.

¿Lo hiciste? ¿Estás en una tormenta de ansiedad porque no escuchaste a Dios? Él te dijo que el sexo fuera del matrimonio terminaría en caos, pero no escuchaste. Te dijo que el que toma prestado es esclavo del que presta, pero asumiste esa deuda peligrosa. Te dijo que atesoraras a tu cónyuge y a tus hijos, pero atesoraste tu carrera y cultivaste tus vicios. Te advirtió que tuvieras cuidado con las malas compañías, el licor fuerte y las amanecidas. Pero no escuchaste. Y ahora estás en una tormenta que tú mismo formaste.

> *¿Te está acechando el miedo por todos lados? Entonces, deja que Dios te hable.*

Si esto te describe, recibe la reprimenda de Dios. Él corrige a los que ama, y él te ama. Así que, reconoce tu error. Confiesa tu pecado y decide hacerlo mejor. Decide ser más sabio la próxima vez. Aprende de tu mala decisión. Pero no pierdas la esperanza. Si bien en esta historia hay una reprimenda, también encierra tres promesas que pueden darnos paz en medio de una tormenta.

El cielo tiene ayudantes para ayudarte. Pablo dijo: «Anoche se me apareció un ángel» (v. 23 NVI). En la cubierta de un barco a punto de naufragar en una tormenta feroz, Pablo recibió un visitante del cielo. Un ángel vino y se paró a su lado. Los ángeles todavía vienen y nos ayudan.

Recientemente, cuando terminó uno de nuestros servicios, una de los miembros de la iglesia se me acercó en la línea de recepción. Sus ojos estaban llenos de lágrimas y asombro cuando me dijo:

—Vi a su ángel.

—¿Lo viste?

—Sí, estaba parado a su lado mientras usted predicaba.

Encuentro alivio en ese pensamiento. También encuentro muchos pasajes bíblicos que lo apoyan. «Todos los ángeles son espíritus al servicio de Dios, enviados en ayuda de quienes han de recibir en herencia la salvación» (Hebreos 1.14 DHH).

El profeta Daniel recibió ayuda de los ángeles. Él estaba afligido. Decidió orar. Luego de tres semanas (¡hasta aquí llegaron los intentos de orar solo una vez por alguna petición!), Daniel vio a un hombre vestido de lino con un cinto de oro alrededor de la cintura. Su cuerpo era como de topacio, su rostro parecía un relámpago y sus ojos parecían antorchas de fuego. Sus brazos y piernas brillaban como bronce pulido. Su voz resonaba como el estruendo de una multitud (Daniel 10.5, 6).

Daniel estaba tan aturdido que cayó al suelo. El angel dijo:

No tengas miedo, Daniel. Desde el primer día que comenzaste a orar para recibir entendimiento y a humillarte delante de tu Dios, tu petición fue escuchada en el cielo. He venido en respuesta a tu oración; pero durante veintiún días el espíritu príncipe del reino de Persia me impidió el paso. Entonces vino a ayudarme Miguel, uno de los arcángeles, y lo dejé allí con el espíritu príncipe del reino de Persia. Ahora estoy aquí para explicar lo que le sucederá en el futuro a tu pueblo. (vv. 12–14 NTV)

Al momento en que Daniel comenzó a orar, la respuesta fue emitida. Unas fuerzas demoniacas bloquearon el paso del ángel. El *impasse* duró tres semanas, hasta que el arcángel Miguel llegó a la escena con su autoridad superior. El enfrentamiento terminó y la oración fue contestada. ¿Acaso tus oraciones se han topado con un cielo silencioso? ¿Has orado y no has escuchado nada? ¿Te estás moviendo torpemente en la tierra entre una oración elevada y una contestada? ¿Estás sintiendo la presión de la maja y el mortero de Satanás?

Si es así, te ruego que no te des por vencido. Lo que el ángel le dijo a Daniel, Dios te lo repite a ti: «Tu petición fue escuchada desde el primer día en que te propusiste ganar entendimiento y humillarte ante tu Dios» (Daniel 10.12 NVI). Te han escuchado en el cielo. Los ejércitos angelicales han sido despachados. Los refuerzos ya han sido reunidos. Dios promete: «Contenderé con los que contiendan contigo» (Isaías 49.25 NVI).

Haz lo mismo que hizo Daniel. Mantente delante del Señor.

> Los que confían en el SEÑOR
> renovarán sus fuerzas;
> volarán como las águilas:
> correrán y no se fatigarán,
> caminarán y no se cansarán. (Isaías 40.31 NVI)

Un ángel protegió a Sadrac, Mesac y Abed-nego en el horno de fuego ardiendo (Daniel 3.23–26). También pueden protegerte a ti. Un ángel escoltó a Pedro fuera de la cárcel (Hechos 12.5–9). Ellos también pueden sacarte de tu esclavitud. «Él [Dios] ordenará a sus ángeles que te protejan por donde vayas» (Salmos 91.11 NTV). El cielo tiene ayudantes para ti.

Y...

El cielo tiene un lugar para ti. Pablo lo sabía. «Porque esta noche ha estado conmigo el ángel del Dios de quien soy» (Hechos 27.23).

Cuando los padres envían a sus hijos al campamento de verano, tienen que firmar ciertos documentos. Uno de ellos les pregunta: ¿quién es la persona responsable? Si Juan se fractura un brazo o a Susana le da sarampión, ¿quién será responsable? Espero que mamá y papá estén dispuestos a firmar sus nombres. Dios firmó el suyo. Cuando le entregaste tu vida, él asumió responsabilidad por ti. Él garantiza que llegarás seguro a su puerto. Tú eres su oveja; él es tu pastor. Jesús dijo: «Yo soy el buen pastor; conozco a mis ovejas, y ellas me conocen a mí» (Juan 10.14 NVI).

Tú eres la novia; él es tu novio. La iglesia ha sido «dispuesta como una esposa ataviada para su marido» (Apocalipsis 21.2).

Tú eres su hijo; él es tu padre. «Ahora ya no eres un esclavo sino un hijo de Dios, y como eres su hijo, Dios te ha hecho su heredero» (Gálatas 4.7 NTV).

Puedes tener paz en medio de la tormenta porque no estás solo, le perteneces a Dios y...

Estás al servicio del Señor. «Porque esta noche ha estado conmigo el ángel del Dios de quien soy y a quien sirvo» (Hechos 27.23).

Dios le había dado a Pablo una misión: llevar el evangelio a Roma. Pablo todavía no había llegado a Roma, así que Dios aún no había terminado con él. Y, como Dios todavía no había terminado, Pablo sabía que sobreviviría.

La mayoría de nosotros no recibe un mensaje tan claro como el de Pablo. Pero sí tenemos la certeza de que no viviremos ni un día menos de lo que se supone que vivamos. Si Dios tiene algún trabajo para ti, te mantendrá vivo para que lo hagas. «¡Aún no había vivido un solo día, cuando tú ya habías decidido cuánto tiempo viviría! ¡Lo habías anotado en tu libro!» (Salmos 139.16 TLA).

Ninguna vida es demasiado corta ni demasiado larga. Vivirás el número de días estipulados para ti. Tal vez puedes cambiar la calidad de tus días, pero no la cantidad.

No estoy diciendo que no tendrás más problemas en tu futuro. Justo lo contrario. Pablo tuvo su dosis, y tú también la tendrás. Mira el versículo 22: «Pero ahora los exhorto a cobrar ánimo, porque ninguno de ustedes perderá la vida; solo se perderá el barco» (Hechos 27 NVI).

No es fácil perder tu barco. Tu barco es la nave que te acarrea, sostiene, protege y defiende. Tu barco es tu matrimonio, tu cuerpo, tu empresa. Gracias a tu barco, te has mantenido a flote. Y ahora, sin tu barco, piensas que te hundirás. Y tienes razón. Te hundirás, pero solo por un momento. Las olas te azotarán. El miedo te arrastrará como una corriente de resaca del Pacífico. Pero anímate, dice Pablo. Anímate, Cristo dice: «En el mundo, ustedes habrán de sufrir; pero tengan valor: yo he vencido al mundo» (Juan 16.33 DHH).

Puedes perderlo todo, solo para descubrir que no es así. Dios ha estado siempre contigo.

Dios nunca ha prometido una vida sin tormentas. Pero sí ha prometido estar con nosotros cuando las enfrentemos. Veamos el irresistible testimonio de Josafat. Él ascendió al trono a los treinta y cinco años y reinó durante veinticinco.

Según el Segundo libro de Crónicas, los moabitas formaron una coalición grande y poderosa con las naciones vecinas y le declararon la guerra a Josafat (2 Crónicas 20). Fue la versión militar de una tormenta perfecta. Los judíos podían lidiar con un ejército. Pero, cuando un ejército se asocia con otro, y esos dos hacen alianza con un tercero, ya es más de lo que el rey podía manejar.

La respuesta de Josafat merece un lugar en el libro de texto sobre cómo tratar con la ansiedad. Él «decidió consultar al SEÑOR» (2 Crónicas 20.3 NVI). Y además «proclamó un ayuno en todo Judá» (v. 3 NVI). Él clamó a Dios en oración (vv. 6–12). Josafat confesó: «No tenemos fuerza suficiente [...] ¡No sabemos qué hacer; por eso tenemos los ojos puestos en ti!» (v. 12 DHH).

Dios respondió con este mensaje: «No tengan miedo ni se acobarden cuando vean ese gran ejército, porque la batalla no es de ustedes, sino mía» (v. 15 NVI).

Josafat creyó en Dios de tal manera que tomó la extraordinaria decisión de marchar a la batalla con cantantes al frente. Estoy seguro de que la gente que se anotó para cantar en el coro nunca imaginó que dirigirían al ejército. Pero Josafat sabía que la batalla real era espiritual, así que dirigió con adoración y adoradores. Antes de llegar al campo de batalla, la batalla había terminado. Los enemigos se habían levantado unos contra otros, y los hebreos ni siquiera tuvieron que levantar una espada (vv. 21–24).

Aprende una lección del rey. Dirige con adoración. Acércate primero a tu Padre en oración y alabanzas. Confiésale tus temores. Reúnete con su gente. Vuelve tu rostro hacia Dios. Rápido. Suplícale que te ayude. Reconoce tu debilidad. Entonces, una vez que Dios se mueva, muévete tú también. Espera ver al Dios de los siglos peleando por ti. Él está cerca, tan cerca como tu próximo respiro.

Noah Drew puede decírtelo. Tenía solo dos años cuando descubrió la presencia protectora de Jesús.

La familia Drew recorría en su auto la corta distancia hasta la piscina del barrio. Leigh Anna, la mamá, estaba manejando tan lento que los seguros automáticos de las puertas no se cerraron. Noah abrió su puerta y se cayó. Ella sintió como un badén, como si hubiera manejado sobre un reductor de velocidad, y frenó abruptamente. Su esposo, Ben, saltó del auto y encontró a Noah sobre el pavimento.

Espera ver al Dios de los siglos peleando por ti. Él está cerca, tan cerca como tu próximo respiro.

«¡Está vivo!», Ben gritó y lo colocó en el asiento. Las piernas de Noah estaban cubiertas con sangre, y él se estremecía violentamente. Leigh Anna se sentó a toda prisa en el asiento del pasajero y sostuvo a Noah en su regazo, mientras Ben manejaba hasta la sala de emergencias.

Increíblemente, los exámenes no revelaron ningún hueso roto. Un vehículo de cinco mil libras había pasado por encima de sus piernas; sin embargo, el pequeño Noah solo tenía algunos cortes y magulladuras para probarlo.

Más tarde aquella noche, Leigh Anna se arrodilló y le dio gracias a Jesús por no llevarse a su hijo. Luego, se acurrucó al lado de él en la cama. Noah estaba dormido; o, por lo menos, ella pensó que lo estaba. Mientras estaba acostada allí en la oscuridad, él le dijo:

—Mamá, Jesús me atrapó.

—¿Lo hizo? —dijo ella.

—Le dije a Jesús, gracias, y él me dijo, de nada —contestó Noah.

Al otro día le contó otros detalles.

—Mamá, Jesús tiene manos color pardo. Él me atrapó así. —Estiró sus brazos y ahuecó sus manitas. Al día siguiente le dijo que Jesús tenía el pelo castaño. Cuando le pidió más información, él le contestó de la manera más despreocupada: «Eso es todo». Sin embargo, cuando oró aquella noche, dijo:

—Gracias, Jesús, por atraparme.[6]

Los temporales del nordeste nos azotan. Soplan vientos contrarios. Las olas se estrellan. Llegan. Pero Jesús todavía atrapa a sus hijos. Él todavía extiende sus brazos. Todavía envía a sus ángeles. Y, como tú le perteneces, puedes tener paz en medio de la tormenta. El mismo Jesús que le envió el ángel a Pablo te envía este mensaje: «Cuando pases por las aguas, yo estaré contigo» (Isaías 43.2).

Tal vez estés enfrentando la tormenta perfecta, pero Jesús te ofrece la paz perfecta.

MEDITA EN TODO LO BUENO

Consideren bien... todo lo que sea

excelente y merezca elogio.

Capítulo 9

PIENSA EN LO QUE PIENSAS

Tu problema no es tu problema,
sino tu forma de verlo.

En sus cortos trece años, Rebecca Taylor ha sido sometida a más de cincuenta y cinco cirugías y procedimientos médicos, y ha pasado aproximadamente mil días en el hospital.

Christyn, la mamá de Rebecca, habla sobre las complicaciones en la salud de su hija con la facilidad de un cirujano. El vocabulario de la mayoría de las mamás incluye frases como «comida de la cafetería», «fiesta de pijamas» o «demasiado tiempo en el teléfono». Christyn conoce ese idioma, pero tiene la misma fluidez en la jerga de glóbulos sanguíneos, cánula y, más recientemente, apoplejía hemorrágica.

Christyn escribió en su blog:

> La nueva mina terrestre de esta pasada semana fue la frase «posible apoplejía hemorrágica»; una frase que he escuchado mencionar a muchos médicos, docenas de veces. Una y otra y otra vez esa frase llenaba mi mente y consumía mis pensamientos. Era emocionalmente agobiante.
>
> El domingo pasado, Max Lucado, nuestro predicador, comenzó una serie muy atinada sobre el tema de la ansiedad. Repasamos el conocido versículo Filipenses 4.6: «No se inquieten por nada; más bien, en toda ocasión, con oración y ruego, presenten sus peticiones a Dios y denle gracias» (NVI).

Le presenté al Señor mis peticiones, como lo he hecho ya tantas veces, pero esta vez, ESTA vez, necesitaba más. Así que, mientras usaba Filipenses 4.8, 9 como guía, encontré mi respuesta:

«Por lo demás, hermanos, todo lo que es verdadero...». ¿Qué era verdadero en mi vida en este momento en particular? *La bendición de que toda mi familia esté cenando junta.*

«Todo lo honesto». *La bendición de disfrutar de nuestra presencia mutua fuera de un cuarto de hospital.*

«Todo lo justo». *La bendición de disfrutar la vida cotidiana de mis dos hijos varones.*

«Todo lo puro». *La bendición de que mis tres hijos estén riendo y jugando juntos.*

«Todo lo amable». *La bendición de observar a Rebecca dormir tranquilamente en su cama durante la noche.*

«Todo lo que es de buen nombre». *La bendición de tener un equipo honorable que trabaja incansablemente en el cuidado de Rebecca.*

«Si hay virtud alguna». *La bendición de ver el desarrollo de un milagro.*

«Si algo digno de alabanza». *La bendición de adorar a un Señor que es digno de ser alabado.*

«En esto pensad».

Y lo hice. Mientras meditaba en estas cosas, frené la temida frase «apoplejía hemorrágica» y evité que me robara cualquier alegría de mi vida. Su poder para producir ansiedad ahora era impotente. Y, cuando pensé en las abundantes bendiciones en mi vida que estaban ocurriendo JUSTO EN AQUEL MOMENTO, «la paz de Dios, que sobrepasa todo entendimiento» SÍ cuidó mi corazón y mi mente en Cristo Jesús. Un milagro real e inesperado. Gracias, Señor.[1]

¿Puedes ver lo que hizo Christyn? Las palabras *apoplejía hemo-rrágica* acechaban su vida como una nube de tormenta. No obstante, ella frenó la temida frase y evitó que le robara la alegría de su vida. Y lo hizo practicando el manejo de los pensamientos. Probablemente ya sabes esto, pero, por si acaso no lo sabes, me alegra muchísimo darte la buena noticia: puedes escoger lo que piensas.

No escogiste tu lugar ni tu fecha de nacimiento. No escogiste a tus padres ni a tus hermanos. No puedes decidir sobre las condiciones del tiempo ni la cantidad de sal en el océano. Hay muchas cosas en la vida sobre las que no puedes decidir. Pero la actividad más importante de la vida sí está den-tro de lo que puedes controlar.

Tú puedes escoger en qué piensas.

Puedes ser el controlador aéreo de tu aeropuerto mental. Ocupas la torre de control y puedes dirigir el tráfico mental de tu mundo. Los pensamien-tos sobrevuelan, vienen y van. Si alguno aterriza, es porque le diste permiso. Si se va, es porque le diste instrucciones de que lo hiciera.

Tú puedes escoger tu patrón de pensamiento.

Por eso el hombre sabio pide encarecidamente: «Y sobre todas las cosas, cuida tu mente, porque ella es la fuente de la vida» (Proverbios 4.23 TLA). ¿Quieres ser feliz mañana? Entonces siembra hoy semi-llas de felicidad. (Cuenta bendiciones. Memoriza versículos bíblicos. Ora. Canta himnos. Pasa tiempo con personas que te animen).

> *Puedes ser el controlador aéreo de tu aeropuerto mental. Ocupas la torre de control y puedes dirigir el tráfico mental de tu mundo.*

¿Quieres garantizar la miseria de mañana? Entonces revuélcate hoy en un pozo de fango de autocompasión o culpa o ansiedad. (Asume lo peor. Atorméntate. Ensaya tus remordimientos. Quéjate con gente que se queja). Los pensamientos tienen consecuencias.

La cura para la ansiedad requiere pensamientos saludables. Tu desafío no es tu desafío. Tu desafío es la forma en que piensas sobre tu desafío. Tu problema no es tu problema, sino tu forma de verlo.

Satanás lo sabe. El diablo siempre está jugando con nuestras mentes. Él llena el cielo de aviones que solo cargan miedo y ansiedad. Y está haciendo todo lo posible para convencernos de que los dejemos aterrizar y depositar su apestosa carga en nuestras mentes. Él viene como un ladrón que «se dedica a robar, matar y destruir» (Juan 10.10 TLA). Solo trae pesimismo y fatalidad. Para cuando había terminado con Job, el hombre estaba enfermo y solo. Para cuando había terminado con Judas, el discípulo ya había renunciado a la vida. El diablo está esperando para hacer lo que las termitas le hacen a un roble: carcomerte desde adentro.

Él te llevará a un lugar sin sol y te dejará allí. Intenta convencerte de que este mundo no tiene ventanas, no tiene posibilidad de luz. Los pensamientos exagerados, inflados e irracionales son la especialidad del diablo.

Nadie me amará jamás.
Todo terminó para mí.
Todo el mundo está en mi contra.
Nunca bajaré de peso, no saldaré mis deudas ni tendré amigos.

¡Qué mentiras tan sombrías y monstruosas! Ningún problema es insoluble. Ninguna vida es irredimible. Nadie tiene su destino

Ningún problema es insoluble.

Ninguna vida es irredimible.

Nadie tiene su destino decidido y

sellado. No existe una persona no

amada o incapaz de ser amada.

decidido y sellado. No existe una persona no amada o incapaz de ser amada. Pero Satanás quiere que pensemos que es así. Él quiere dejarnos en un enjambre de pensamientos ansiosos y negativos.

Satanás es el amo del engaño. Pero no es el amo de tu mente. Tienes un poder que él no puede vencer. Tienes a Dios de tu lado.

De modo que, «consideren bien todo lo verdadero, todo lo respetable, todo lo justo, todo lo puro, todo lo amable, todo lo digno de admiración, en fin, todo lo que sea excelente o merezca elogio» (Filipenses 4.8 NVI). La transliteración de la palabra griega que aquí se traduce *consideren* es *logizomai*. ¿Puedes ver la raíz de una palabra castellana en la griega? Sí, *lógica*. El punto de Pablo es sencillo: la mejor manera de afrontar la ansiedad es con pensamientos claros y lógicos.

Resulta que el arma más eficaz que tenemos contra la ansiedad pesa menos de tres libras y está entre nuestras orejas. ¡Piensa en lo que piensas!

Así es como funciona esto. Recibes una llamada de la oficina del médico. El mensaje es sencillo y desagradable. «El doctor ha revisado sus análisis y le gustaría que viniera a la oficina para una consulta».

Tan rápido como puedes decir «oh, oh», tienes una alternativa: ansiedad o confianza.

La ansiedad dice...

«Estoy en problemas. ¿Por qué Dios permite que me pase algo malo? ¿Me está castigando? Seguro que hice algo malo».

«Estas cosas nunca terminan bien. Mi familia tiene un historial de tragedia. Llegó mi turno. Probablemente tengo cáncer, artritis, ictericia. ¿Me estoy quedando ciego? Últimamente estoy viendo empañado. ¿Será un tumor cerebral?».

«¿Quién criará a los muchachos? ¿Quién va a pagar las facturas médicas? Voy a morir sin un centavo y solo. ¡Soy muy joven para esta tragedia! Nadie puede entenderme ni ayudarme».

Si ya no estás enfermo, lo estarás para cuando llegues a la oficina del médico. «La ansiedad en el corazón del hombre lo deprime» (Proverbios 12.25 NBLH).

Pero hay una manera mejor.

Antes de que llames a tu mamá, tu cónyuge, tu vecino o tu amigo, llama a Dios. Invítalo a conversar sobre el problema. «[Llevemos] cautivo todo pensamiento para que se someta a Cristo» (2 Corintios 10.5 NVI).

Ponle las esposas al delincuente y llévalo delante de Aquel que tiene toda autoridad: Jesucristo.

Jesús, este pensamiento ansioso y negativo buscó la forma de infiltrarse en mi mente. ¿Viene de ti?

Jesús, que habla nada más que la verdad, dice: «No, vete de aquí, Satanás». Y, como el juicioso y serio controlador de tu mente que eres, no permites que el pensamiento te robe un segundo de tu día.

Reclama cada promesa bíblica que puedas recordar y proponte aprender algunas nuevas. Aférrate a ellas como los chalecos salvavidas que son. No le des cabida a Satanás. No les des la bienvenida a sus mentiras. «Manténganse firmes, ceñidos con el cinturón de la verdad» (Efesios 6.14 NVI). Resiste el impulso de exagerar, dramatizar o ampliar. Enfócate en los hechos y nada más. El hecho es que el médico te llamó. El hecho es que sus noticias van a ser buenas o malas. Hasta donde sabes, tal vez quiera que seas el modelo en un afiche sobre la buena salud. Todo lo que puedes hacer es orar y confiar.

Y eso haces. No llegas a la oficina del médico con una preocupación que te agobia, sino con una fe que te anima.

¿Cuál prefieres?

Justo en el fin de semana en que estaba editando este libro, puse a prueba este capítulo. Nos llamaron para decirnos que el padre de mi esposa no estaba bien de salud. Hacía varios meses que estaba delicado de salud. Él padece de insuficiencia cardiaca congestiva y demencia progresiva. Tiene ochenta y tres años. Su esposa se había ido al cielo unos meses antes y había estado desmejorando desde entonces.

Su cardiólogo nos dijo que su corazón tal vez tenía unas pocas semanas más. Él vivía en un geriátrico a unas cinco horas de nuestro hogar, y Denalyn sintió en su corazón que su papá debía mudarse a vivir con nosotros. Manejamos hasta su ciudad para evaluar la situación. Todo lo que vimos confirmó lo que habíamos escuchado. Él estaba débil. Sus pensamientos eran erráticos. Necesitaba cuidado constante y el centro no tenía el equipo necesario para ofrecérselo.

Más tarde aquella noche, en la habitación del hotel, le dije a Denalyn que tenía razón. Necesitamos mudar a su papá a nuestra casa.

Después vino la debacle. Mientras el resto de la familia estaba ocupado haciendo planes, yo me adentré en el laberinto del miedo. Comencé a visualizar la vida con un anciano en nuestra casa. Las enfermeras. El tanque de oxígeno. La cama de hospital. El tema del baño. Las llamadas pidiendo ayuda en plena noche.

La ansiedad me arrastró a una jaula de artes marciales mixtas donde estaba peleando sin guantes. Antes de irme a dormir ya estaba magullado y ensangrentado. Después de una noche de sueño interrumpido, me levanté y le dije al Señor y a mí mismo: *Es hora de practicar lo que predico.* Me dispuse a lazar mis pensamientos. Comencé a hacer una lista de bendiciones. Recordé Salmos 103.2: «Alaba, alma mía, al SEÑOR, y no olvides ninguno de sus beneficios» (Salmos 103.2 NVI). En lugar de cavilar en nuestros problemas, decidí enumerar todas las evidencias de la presencia de Dios.

Por ejemplo, necesitaba alquilar un remolque. El dueño de la tienda resultó ser el amigo de un amigo.

Necesitaba el enganche para el remolque. Era viernes en la tarde, y lo necesitaba instalado antes del sábado. En mi segunda llamada encontré una tienda que «justo tenía» uno disponible y podía hacer el trabajo a tiempo.

Necesitaba pagarle al jardinero que se ocupaba de la casa de mi suegro. Y lo encontré en la casa «justo cuando» me estacioné para buscarlo.

Necesitábamos un doctor y un equipo que ofreciera servicios de cuidado médico en el hogar. La oficina del doctor atendió mi llamada y concertó una cita. El equipo de servicios de cuidado médico en el hogar encontró un empleado que podía reunirse con nosotros en casa.

Encontré un comprador para el auto que mi suegro había estado manejando.

La gente del geriátrico conocía a alguien que necesitaba los muebles que estábamos dejando atrás.

Tomé la decisión deliberada de interpretar cada una de estas oportunidades como evidencia de la bendición y presencia de Dios. Poco a poco, se despejaron las nubes grises y el cielo azul comenzó a asomarse. Puedo afirmar sinceramente que sentí una paz que sobrepasa todo entendimiento.

Christyn Taylor descubrió la misma calma. Recientemente, ella y su familia regresaron a ver a los doctores de Rebecca en Minnesota. Siete meses antes, Rebecca apenas estaba sobreviviendo. Ahora, un día después de su cumpleaños número trece, Rebecca lucía radiante y llena de vida. Asombrosamente, había ganado unos trece kilos. Su salud estaba mejorando. En el hospital le pusieron por nombre «el milagro andante».

Cuida tus pensamientos y confía en tu Padre.

Christyn escribió: «Miro estas interacciones con un sentido de sobrecogimiento silente. Es fácil alabar a Dios durante los tiempos de bienestar. Sin embargo, fue durante mi mayor aflicción que sentí la presencia del Señor derramándose sobre mí. Y fue en aquellos momentos angustiosos que aprendí a confiar en este Dios que me ofreció una fortaleza inimaginable durante un dolor inimaginable».[2]

Él también te ayudará, mi querido amigo. Cuida tus pensamientos y confía en tu Padre.

Capítulo 10

AFÉRRATE A CRISTO

Damos frutos cuando nos enfocamos en Dios.

—•—

Jacinto, el vinicultor, presentía que había problemas en la espaldera. Sus plantas de uvas se quejaban. Las hojas estaban mustias. Las vides estaban rezagadas. Las moras rojas apáticas suspiraban a coro.

El vinicultor escuchó por un tiempo y decidió hacer lo que han hecho los viñeros desde el comienzo de la redacción de este capítulo: conversó con su cultivo. Era necesaria una charla entre el jefe y las vides. Puso un banquillo entre las hileras, se quitó su sombrero de paja, se sentó y dijo:

—Bueno, muchachas. ¿Por qué tanta melancolía? Esto no era lo que tenía en mente.

Al principio, nadie respondió. Finalmente, un esbelto zarcillo habló con sinceridad.

—¡Simplemente no resisto más! —dijo con brusquedad—. Aprieto y pujo, pero las uvas no salen.

Las hojas se sacudían mientras otras ramas asintieron en acuerdo.

—No logro que ni siquiera salga una pasa —confesó una de ellas.

—Me pueden llamar racimo estéril —gritó otra.

—Perdónenme por ponerme sentimental —comentó otra—, pero soy una rama agobiada. Estoy tan cansada que mi corteza está descortezada.

Jacinto el vinicultor movió su cabeza y suspiró.

———•———

—¡Ahora entiendo por qué se sienten tan infelices! Están tratando de hacer lo que no pueden hacer y se están olvidando de hacer la tarea para la que fueron creadas. Dejen de forzar el fruto. Su tarea es sostener los racimos; es mantenerlos unidos a la vid. ¡Cálmense! Van a sorprenderse de lo que producirán.

¿Una conversación inverosímil? Entre un vinicultor y una viña, sí. Pero, ¿entre nuestro Padre y sus hijos? Él debe escuchar muchísimas quejas cada minuto.

«Soy un fracaso espiritual».

«El único fruto que doy es miedo».

«¿Perfecta paz? Me siento más como un perfecto enredo».

La frase «sin fruto y llenos de miedo» describe a muchos de nosotros. No queremos que sea así. Anhelamos seguir el consejo de Pablo: «Concéntrense en todo lo que es verdadero, todo lo honorable, todo lo justo, todo lo puro, todo lo bello y todo lo admirable. Piensen en cosas excelentes y dignas de alabanza» (Filipenses 4.8 NTV).

Con un gesto y una determinación renovada, decidimos: *Hoy solo voy a pensar pensamientos verdaderos, honorables, justos... aun así me muera.*

El llamado a la paz de Pablo puede convertirse en una lista de requisitos: todo pensamiento *tiene* que ser verdadero, honorable, justo, puro, bello, admirable, excelente y digno de alabanza.

Glup. ¿Quién puede hacer esto?

Confesión: encuentro que la lista es difícil de cumplir. El cielo sabe que he tratado. Una idea inesperada aparece de pronto en mi cabeza y la paso por el pasaje. ¿Es verdadero, honorable, justo... qué viene después? Me cuesta trabajo recordar las ocho virtudes, y ni hablemos de filtrar mis pensamientos a través de ellas. Tal vez a ti te funciona la lista. Si es así, salta este capítulo. Si no, hay una manera más sencilla.

Que tu meta sea aferrarte a Cristo. Permanecer en él. ¿Acaso no es él verdadero, honorable, justo, puro, bello, admirable, excelente y digno de alabanza? ¿No es esta la invitación de su mensaje en la viña?

Permanezcan en mí, y yo permaneceré en ustedes. Así como ninguna rama puede dar fruto por sí misma, sino que tiene que permanecer en la vid, así tampoco ustedes pueden dar fruto si no permanecen en mí. Yo soy la vid y ustedes son las ramas. El que permanece en mí, como yo en él, dará mucho fruto; separados de mí no pueden ustedes hacer nada. El que no permanece en mí es desechado y se seca, como las ramas que se recogen, se arrojan al fuego y se queman. Si permanecen en mí y mis palabras permanecen en ustedes, pidan lo que quieran, y se les concederá. Mi Padre es glorificado cuando ustedes dan mucho fruto y muestran así que son mis discípulos. Así como el Padre me ha amado a mí, también yo los he amado a ustedes. Permanezcan en mi amor. Si obedecen mis mandamientos, permanecerán en mi amor, así como yo he obedecido los mandamientos de mi Padre y permanezco en su amor. (Juan 15.4–10 NVI)

La alegoría de Jesús es sencilla. Dios es como el cuidador de la viña. Él vive y ama para persuadir lo mejor de sus vides. Él consiente, poda, bendice y corta. Su propósito es uno: «¿Qué puedo hacer para incitar la producción?». Dios es un horticultor capaz que supervisa cuidadosamente la viña.

Que tu meta sea aferrarte a
Cristo. Permanecer en él. ¿Acaso
no es él verdadero, honorable,
justo, puro, bello, admirable,
excelente y digno de alabanza?

Y Jesús desempeña el papel de la viña. Los que no somos jardineros podemos confundir la vid y la rama. Para ver la vid, baja tu vista de las ramas delgadas y ondulantes y fíjate en la base gruesa abajo. La vid es la raíz y el tronco de la planta. Lleva los nutrientes de la tierra a las ramas. Jesús hace una afirmación sorprendente: «Yo soy la verdadera raíz de la vida». Si algo bueno llega a nuestras vidas, él es el conducto.

¿Y quiénes somos nosotros? Somos las ramas. Damos fruto: «amor, alegría, paz, paciencia, amabilidad, bondad, fidelidad» (Gálatas 5.22 NVI). Meditamos en «todo lo que es verdadero, todo lo honorable, todo lo justo, todo lo puro, todo lo bello y todo lo admirable [...] cosas excelentes y dignas de alabanza» (Filipenses 4.8 NTV). Nuestra bondad es evidente a todo el mundo. Nos deleitamos en «la paz de Dios, que sobrepasa todo entendimiento» (Filipenses 4.7 NVI).

Conforme nos aferramos a Cristo, Dios es honrado. «Mi Padre es glorificado cuando ustedes dan mucho fruto y muestran así que son mis discípulos» (Juan 15.8 NVI).

El Padre cuida. Jesús alimenta. Nosotros recibimos, y las uvas aparecen. Los transeúntes, pasmados ante las cestas rebosantes de amor, gracia y paz, no pueden más que preguntar: «¿Quién está a cargo de esta viña?». Y Dios es honrado. Por esta razón el dar frutos es importante para Dios.

¡Y es importante para ti! Te cansas de la inquietud. Estás listo para terminar con las noches de insomnio. Deseas estar ansioso por nada. Anhelas el fruto del Espíritu. Pero ¿cómo das este fruto? ¿Lo intentas con más ahínco? No, te aferras con más fuerza. Nuestra tarea no es la fertilidad, sino la fidelidad. El secreto para dar frutos y vivir sin ansiedad no es tanto hacer, sino permanecer.

———•———

Para que no pasemos este punto por alto, Jesús emplea el verbo *permanecer* diez veces en siete versículos:

Permanezcan en mí, y yo permaneceré en ustedes. Así como ninguna rama puede dar fruto por sí misma, sino que tiene que *permanecer* en la vid, así tampoco ustedes pueden dar fruto si no *permanecen* en mí [...] El que *permanece* en mí, como yo en él, dará mucho fruto [...] El que no *permanece* en mí es desechado y se seca [...] Si *permanecen* en mí y mis palabras permanecen en ustedes, pidan lo que quieran, y se les concederá [...] *Permanezcan* en mi amor[...] *permanecerán* en mi amor, así como yo he obedecido los mandamientos de mi Padre y *permanezco* en su amor. (Juan 15.4–10 NVI)

«¡Ven a vivir conmigo!», nos invita Jesús. «Haz de mi hogar tu hogar».

Lo más probable es que sepas lo que significa «estar en casa» en algún lugar.

Estar en casa es sentirse seguro. La residencia es un lugar de refugio y seguridad.

Estar en casa es sentirse cómodo. Te puedes pasar el día en pijamas y pantuflas.

Estar en casa es conocer bien el lugar. Cuando atraviesas la puerta, no necesitas consultar los planos para encontrar la cocina.

Nuestra meta —nuestra única meta— es estar en casa en Cristo. Él no es un parque junto a la carretera ni una habitación de hotel. Él es nuestra dirección residencial permanente. Cristo es nuestro hogar.

———•———

Él es nuestro lugar de refugio y seguridad. Nos sentimos cómodos en su presencia y somos libres para nuestro yo verdadero. Sabemos cómo movernos en él. Conocemos su corazón y sus caminos.

Descansamos en él, encontramos nuestro alimento en él. Su techo de gracia nos protege de las tormentas de culpa. Sus paredes de providencia nos aseguran de los vientos destructores. Su chimenea nos calienta durante los solitarios inviernos de la vida. Nos quedamos en la morada de Cristo y no nos marchamos.

Nuestra tarea no es la fertilidad, sino la fidelidad.

¡La rama nunca suelta a la vid! ¡Nunca! ¿Acaso se aparece una rama los domingos para tomar su cena semanal? Solo a riesgo de morir. La rama saludable nunca se suelta de la vid porque de ella recibe sus nutrientes veinticuatro horas al día.

Si hubiera seminarios para las ramas, el tema sería «Secretos para sostenernos de la vid». Pero las ramas no tienen seminarios porque para asistir a ellos tendrían que soltarse de la vid; algo que se niegan a hacer. La tarea primordial de la rama es aferrarse a la vid.

La tarea primordial del discípulo es la misma.

Como cristianos, tendemos a pasar esto por alto. Bromeamos sobre las promesas de «cambiar el mundo», «marcar una diferencia por Cristo», «llevar a la gente al Señor». Sin embargo, estos son productos derivados de una vida enfocada en Cristo. Nuestra meta no es dar fruto. Nuestra meta es mantenernos adheridos.

Quizás esta imagen te ayude. Cuando un padre dirige a su hijo de cuatro años por una calle congestionada, lo toma de la mano y le dice: «Sostén mi mano». No le dice: «Memorízate el mapa», ni «Trata de esquivar el tráfico», ni «Veamos si puedes encontrar el camino de regreso a la casa». El buen padre le da al hijo una responsabilidad: «Sostén mi mano».

Dios hace lo mismo con nosotros. No te sobrecargues con listas. No nutras tu ansiedad con el miedo de no cumplirlas. Tu meta no es conocer cada detalle del futuro. Tu meta es sostener la mano de Aquel que nunca jamás te la suelta.

Esta fue la decisión de Kent Brantly.

Brantly era un médico misionero en Liberia y estaba batallando con uno de los virus más crueles: ébola. La epidemia estaba matando a miles y miles de personas. Igual que todo el mundo, Brantly conocía las consecuencias de la enfermedad. Había tratado docenas de casos. Conocía los síntomas: fiebre alta, diarrea severa y náuseas. Había visto los resultados del virus y, por primera vez, estaba sintiendo los síntomas personalmente.

Sus colegas le habían tomado una muestra de sangre y la estaban analizando. No obstante, tomaría por lo menos tres días antes de conocer los resultados. El miércoles en la noche, el 23 de julio de 2014, el doctor Brantly se aisló en cuarentena en su casa y esperó. Su esposa y su familia estaban al otro lado del océano. Sus compañeros de trabajo no podían entrar en su residencia. Estaba solo, literalmente, con sus pensamientos. Brantly abrió su Biblia y meditó en un pasaje del libro de Hebreos. Luego escribió en su diario: «La promesa de entrar en su reposo sigue vigente, entonces no nos demos por vencidos. Esforcémonos, pues, por entrar en ese reposo».[1]

El doctor Brantly meditó en la palabra «esforcémonos». Él sabía que tendría que hacer justo eso. Luego dirigió su atención a otro versículo en el mismo capítulo de Hebreos: «Así que acerquémonos confiadamente al trono de la gracia para recibir misericordia y hallar la gracia que nos ayude en el momento que más la necesitemos».[2] Copió el versículo en su diario de oración y escribió «confiadamente» en cursivas.[3]

Cerró su diario y comenzó la espera. La incomodidad durante los tres días siguientes fue indescriptible. Los resultados de las pruebas confirmaron lo que temían: había contraído ébola.

Amber, la esposa de Kent, estaba en su ciudad natal, Abilene, Texas, cuando él la llamó el sábado siguiente en la tarde para comunicarle el diagnóstico. Ella y sus dos hijos estaban visitando a sus padres. Cuando el teléfono sonó, ella se apresuró a la habitación para tener algo de privacidad. Kent fue directo al grano. «Recibí los resultados. Es positivo».

Ella comenzó a llorar. Conversaron por unos momentos, pero Kent le dijo que estaba cansado y que pronto la llamaría otra vez.

Ahora era el turno de Amber de procesar las noticias. Sus padres se sentaron con ella al borde de la cama y lloraron juntos por varios minutos. Después de un rato, Amber se excusó y salió afuera de la casa. Caminó hasta un enorme árbol de mezquite y se sentó en una rama baja. Tuvo dificultad para encontrar las palabras para orar, así que usó la letra de himnos que había aprendido de niña.

> Oh, Dios eterno, tu misericordia,
> Ni una sombra de duda tendrá;
> Tu compasión y bondad nunca fallan,
> Y por los siglos el mismo serás.[4]

Las palabras animaron su espíritu, así que comenzó a cantar en voz alta otro himno que valoraba mucho.

Te necesito, sí, en mal o bien.

Conmigo a morar, oh pronto ven.

Señor, te necesito;

sí, te necesito.

Bendíceme, oh Cristo;

vendré a ti.[5]

Amber luego escribió: «Pensé que mi esposo iba a morir. Estaba sufriendo. Tenía miedo. Sin embargo, [mientras cantaba] estos himnos, pude conectarme con Dios de una forma significativa».[6]

Kent fue transportado de África a Atlanta. El personal a cargo de su cuidado se arriesgó a usar un tratamiento que no había sido probado antes. Poco a poco, mejoró su condición. En pocos días, comenzó a recuperar sus fuerzas. El mundo entero, al parecer, se regocijó cuando le dieron de alta del hospital, sanado de ébola.

También podemos aplaudir la victoria de Brantly sobre otra enfermedad, un virus que es igual de mortal y contagioso: la invisible epidemia de ansiedad. Kent y Amber eran candidatos ideales para sentir pánico; no obstante, reaccionaron con la misma resolución que les permitió luchar contra el ébola. Se mantuvieron aferrados a la vid. Decidieron permanecer en Cristo. Kent abrió su Biblia. Amber meditó en himnos. Llenaron su mente con la verdad de Dios.

Jesús nos enseñó a hacer lo mismo. Nos dice, sin tapujos: «No se preocupen por la vida diaria, si tendrán suficiente alimento y bebida, o suficiente ropa para vestirse» (Mateo 6.25 NTV).

Luego nos da dos instrucciones: «fíjense» y «observen». Nos dice: «Fíjense en las aves del cielo» (Mateo 6.26 NVI). Cuando lo hacemos, vemos lo felices que parecen estar. No tienen el ceño fruncido, ni están malhumorados o gruñones. Tampoco parecen estar faltos de sueño o solos. Las aves cantan, silban y vuelan muy alto. No obstante, «no siembran ni cosechan ni almacenan en graneros» (v. 26 NVI). No manejan tractores ni cosechan trigo; aun así, Jesús nos pregunta si parecen estar bien cuidadas.

Satura tu corazón con la bondad de Dios.

Luego dirige nuestra atención a las flores del campo. «Observen cómo crecen los lirios» (v. 28 NVI). De igual modo, ellos no hacen nada. Aunque su vida es muy corta, Dios los viste para caminar en una alfombra roja. Ni aun Salomón, el rey más rico en la historia, «se vestía así como uno de ellos» (v. 29 NVI).

¿Cómo desarmamos la ansiedad? Almacenamos en nuestra mente los pensamientos de Dios. Llegamos a la conclusión lógica: si las aves y las flores están bajo el cuidado de Dios, ¿acaso él no cuidará también de nosotros? Satura tu corazón con la bondad de Dios.

«Poned la mira en las cosas de arriba, no en las de la tierra» (Colosenses 3.2).

¿Cómo podrías hacer esto?

Una amiga me describió recientemente su viaje de ida y vuelta al trabajo, que le toma noventa minutos a diario.

—¡Noventa minutos! —le dije con lástima.

—No te sientas mal por mí —me dijo con una sonrisa—. Uso el viaje para pensar en Dios.

Y entonces me describió cómo llena la hora y media con adoración y sermones. Ella escucha libros de la Biblia completos. Recita oraciones. Para cuando finalmente llega a su trabajo, está lista para el día. «Convierto mi viaje diario en mi capilla».

Haz algo similar. ¿Hay algún bloque de tiempo que podrías reclamar para Dios? Tal vez puedes apagar las noticias vespertinas y abrir tu Biblia. Pon el despertador para que suene quince minutos más temprano. O, en lugar de ver al comediante en la televisión hasta quedarte dormido, escucha la versión en audio de un libro cristiano. «Si se mantienen fieles a mis enseñanzas, serán realmente mis discípulos; y conocerán la verdad, y la verdad los hará libres» (Juan 8.31, 32 NVI). Libres del miedo. Libres de la preocupación. Y, sí, libres de la ansiedad.

Capítulo 11

C.A.L.M.A.

Elige la tranquilidad por encima de la ansiedad.

Son las dos y media de la madrugada. No puedes dormir. Golpeas tu almohada, ajustas las frazadas. Te volteas hacia un lado, luego hacia el otro. Nada funciona. Todos en la casa están durmiendo. Tu cónyuge está en el país de los sueños. El perro está acurrucado como una bola peluda al pie de la cama. Todos están dormidos. Claro, todos, menos tú.

En seis horas vas a comenzar un trabajo nuevo; vas a entrar a una oficina nueva, a un capítulo nuevo, a un mundo nuevo. Vas a ser el novato en el equipo de ventas. Te preguntas si tomaste la decisión correcta. Las horas de trabajo son largas. La economía está en decadencia. La competencia está aumentando.

Además, tienes

- veintitrés años, acabas de terminar la universidad y este es tu primer empleo;
- treinta y tres años, y tienes dos hijos que alimentar y una familia que mantener;
- cuarenta y tres años, y eres la víctima más reciente de las reducciones de personal y despidos;
- cincuenta y tres años, y no es la edad ideal para cambiar de carrera;

• sesenta y tres años. ¿Qué pasó con los planes de jubilación y el tiempo con los nietos? Aquí estás, empezando otra vez.

No importa la edad, las preguntas caen como granizo. ¿Ganaré suficiente dinero? ¿Haré nuevos amigos? ¿Tendré un cubículo? ¿Me aprenderé el *software*, el argumento de venta, el camino al baño?

Sientes un espasmo en la parte de atrás de tu cuello. De repente, una nueva categoría de ansiedad se cuela en tu mente. ¡Oh no, un tumor! Como le pasó al abuelo. Él estuvo un año en quimioterapia. ¿Cómo voy a lidiar con la quimio y un trabajo nuevo? ¿Cubrirá la quimio mi seguro médico?

Los pensamientos arrasan tu mente como un tornado que atraviesa las praderas de Kansas. Succionan cualquier vestigio de paz y desaparecen en el cielo. La única luz en tu habitación son los números verdes del despertador; en efecto, es la única luz en tu vida. Transcurre otra hora. Te cubres la cabeza con la almohada y sientes deseos de llorar.

¡Qué lío!

¿Qué significa toda esta ansiedad? ¿Todo este miedo? ¿Esta agitación? ¿Esta inquietud? ¿Esta inseguridad? ¿Qué significa?

Simplemente esto: eres un ser humano.

No quiere decir que estés retrasado emocionalmente. Tampoco significa que seas estúpido ni un fracaso ni que estés poseído por demonios. Tampoco significa que tus padres te fallaron o viceversa. Y, esto es importante, tampoco quiere decir que no seas cristiano.

Los cristianos batallan contra la ansiedad. Jesús mismo luchó contra la ansiedad, O, ¡por amor del cielo! En el huerto de Getsemaní, él oró en tres ocasiones pidiendo no tener que beber de la copa

(Mateo 26.36–44). Su corazón latió con tal furor que se reventaron algunos capilares y gotas de sangre bajaron por su rostro (Lucas 22.44). Jesús estaba ansioso.

Pero no se mantuvo ansioso. Le confió sus temores a su Padre celestial y completó su misión terrenal con fe. Él nos ayudará a hacer lo mismo. Hay un camino que nos saca del valle de la preocupación. Dios usó la pluma de Pablo para dibujar el mapa.

> Alégrense siempre en el Señor. Insisto: ¡Alégrense! Que su amabilidad sea evidente a todos. El Señor está cerca. No se inquieten por nada; más bien, en toda ocasión, con oración y ruego, presenten sus peticiones a Dios y denle gracias. Y la paz de Dios, que sobrepasa todo entendimiento, cuidará sus corazones y sus pensamientos en Cristo Jesús. Por último, hermanos, consideren bien todo lo verdadero, todo lo respetable, todo lo justo, todo lo puro, todo lo amable, todo lo digno de admiración, en fin, todo lo que sea excelente o merezca elogio. (Filipenses 4.4–8 NVI)

Se nos haría muy difícil encontrar un pasaje más útil, poderoso e inspirador sobre el tema de la ansiedad. Estos versículos parecen un «árbol de decisiones». Un árbol de decisiones es una herramienta que usa un gráfico parecido a un árbol para presentar decisiones y sus posibles consecuencias. El consejo de Pablo tiene un formato secuencial similar.

Ya conoces el árbol de la ansiedad. Hemos pasado más que nuestra cuota de tiempo colgando de sus ramas raquíticas, zarandeados por los vientos del cambio y la confusión. En una ocasión, Dios envió al profeta Isaías a calmar las inquietudes de un rey ansioso.

Él y su pueblo estaban tan asustados que se estremecían «como [...] los árboles del monte a causa del viento» (Isaías 7.2). Suena como si estuvieran sentados en un bosque de árboles de ansiedad. Dios le dio a Isaías esta palabra para Acaz: «"Estate alerta, y ten calma; no temas ni desmaye tu corazón"» (Isaías 7.4 LBLA).

El árbol de la ansiedad no es el único árbol en el bosque. Existe una mejor opción: el árbol de la tranquilidad. Es robusto, da buena sombra y tiene un espacio amplio para ti. He aquí cómo puedes usarlo.

Comienza con Dios.

Celebra la bondad de Dios. «Alégrense siempre en el Señor. Insisto: ¡Alégrense!» (Filipenses 4.4 NVI). No enfoques tu atención en el problema y, por unos minutos, celebrar a Dios. No te hace ningún bien obsesionarte con tu problema.

No medites en la confusión.

Mientras más lo miras, más grande se hace. Sin embargo, mientras más miras a Dios, más rápido el problema se reduce a su tamaño apropiado. Esta fue la estrategia del salmista.

> Alzaré mis ojos a los montes;
> ¿De dónde vendrá mi socorro?
> Mi socorro viene de Jehová,
> Que hizo los cielos y la tierra. (Salmos 121.1, 2)

¿Ves la intencionalidad en esas palabras? «Alzaré mis ojos».

No medites en la confusión. No ganas nada enfocando tu vista en el problema. Pero ganas todo enfocando tus ojos en el Señor.

Esta fue la lección que Pedro aprendió en medio del tormentoso mar de Galilea. Él era pescador y sabía lo que podían hacerle unas olas de diez pies a una embarcación pequeña. Tal vez por esto se ofreció como voluntario para salir de la barca cuando vio a Jesús caminando sobre el agua durante la tormenta.

> Entonces le respondió Pedro, y dijo: Señor, si eres tú, manda que yo vaya a ti sobre las aguas. Y él dijo: Ven. Y descendiendo Pedro de la barca, andaba sobre las aguas para ir a Jesús. Pero al ver el fuerte viento, tuvo miedo; y comenzando a hundirse, dio voces, diciendo: ¡Señor, sálvame! (Mateo 14.28–30)

Mientras Pedro se enfocaba en el rostro de Cristo, hizo lo imposible. Sin embargo, tan pronto desvió su mirada hacia la fuerza de la tormenta, se hundió como una roca. Si te estás hundiendo, es porque estás mirando en la dirección equivocada.

¿Acaso es Dios soberano sobre tus circunstancias? ¿Tiene él más poder que tu problema? ¿Tiene las respuestas para tus preguntas? Según la Biblia, ¡la contestación es sí, sí y sí! «Dios es el único que gobierna sobre todos; Dios es el más grande de los reyes y el más poderoso de los gobernantes» (1 Timoteo 6.15 TLA).

Si él gobierna y controla todo, ¿crees que tiene autoridad sobre esta situación que enfrentas?

¿Y qué me dices de su bondad? ¿Acaso la gracia de Dios es suficiente para cubrir tu pecado? Otra vez, ¡sí! «Por lo tanto, ya no hay ninguna condenación para los que están unidos a Cristo Jesús» (Romanos 8.1 NVI).

Alégrate en el Señor. Este es el primer paso. No te apresures. Mira a Dios antes de mirar tu problema. Entonces, estarás listo para...

Acercarte a Dios y pedirle ayuda. «Presenten sus peticiones a Dios» (Filipenses 4.6 nvi). El miedo provoca una de dos cosas: la desesperación o la oración. Decide sabiamente.

Dios dijo: «Llámame cuando tengas problemas» (Salmos 50.15 ntv).

Jesús dijo: «Pidan, y se les dará; busquen, y encontrarán; llamen, y se les abrirá» (Mateo 7.7 nvi). No hay incertidumbre en esta promesa. No hay «quizás», «tal vez» o «posiblemente». Jesús afirma categóricamente que cuando pides, él escucha.

¡Entonces pide! Cuando la ansiedad toque a la puerta, dile: «Jesús, ¿te importaría contestar eso?». Reduce tu petición a un enunciado. Imita a Jesús, que nos enseñó a orar: «El pan nuestro de cada día, dánoslo hoy» (Mateo 6.11). Practica la oración específica. Y practica la oración basada en promesas. Mantente en el fundamento firme del pacto de Dios. «Así que acerquémonos confiadamente al trono de la gracia» (Hebreos 4.16 nvi).

Después de hacer esto...

Lleva y deja tus preocupaciones ante él. Permítele asumir el control. Deja que Dios haga lo que está dispuesto a hacer: «[cuidar] sus corazones y sus pensamientos en Cristo Jesús» (Filipenses 4.7 nvi).

¿Has dejado alguna vez un aparato electrodoméstico en el taller de reparaciones? Quizás se dañó tu tostadora o el horno microondas dejó de funcionar. Intentaste arreglarlo, pero no pudiste. Así que lo llevaste al especialista. Le explicaste el problema y luego...

- te ofreciste a quedarte en el taller y ayudar en la reparación,
- te quedaste dando rondas en su área de trabajo e hiciste preguntas sobre la reparación,

- tiraste una bolsa de dormir en el piso del taller para poder ver al técnico trabajando.

Si hiciste cualquiera de estas cosas, entonces no entiendes la relación entre un cliente y el técnico de reparaciones. El acuerdo no es complicado. Déjaselo para que lo arregle. Nuestro protocolo con Dios es igual de sencillo. Llévale tu problema y déjaselo. «Sé en quién he creído, y estoy seguro de que tiene poder para guardar hasta aquel día lo que le he confiado» (2 Timoteo 1.12 NVI).

> *La gratitud nos mantiene enfocados en el presente.*

Dios no necesita nuestra ayuda, nuestro consejo ni nuestra asistencia. (Por favor, repite esto: por la presente renuncio a ser gobernante del universo). Cuando Dios esté listo para que volvamos a intervenir, nos lo dejará saber.

Hasta entonces, reemplaza los pensamientos ansiosos con unos agradecidos. Dios toma en serio el agradecimiento.

Y esta es la razón: la gratitud nos mantiene enfocados en el presente.

La palabra más común en la Biblia para *preocupación* es el término griego *merimnate*. El origen es *merimnaō*. Esto es un compuesto de un verbo y un sustantivo. El verbo es *dividir*. El sustantivo es *mente*. Entonces, estar ansioso es dividir la mente.[1] La preocupación corta nuestros pensamientos, nuestra energía y nuestro enfoque con una cuchilla de carnicero. La ansiedad divide nuestra atención. Envía nuestra percepción en una docena de direcciones.

Nos preocupamos sobre el pasado: lo que dijimos o hicimos. Nos preocupamos sobre el futuro: las tareas de mañana y los acontecimientos de la próxima década. La ansiedad desvía nuestra atención del ahora y la dirige al «aquel entonces» o «allá afuera».

Sin embargo, cuando no estás enfocado en tu problema, de pronto tienes espacio cerebral disponible. Úsalo para bien.

Medita en todo lo bueno. «Por último, hermanos, consideren bien todo lo verdadero, todo lo respetable, todo lo justo, todo lo puro, todo lo amable, todo lo digno de admiración, en fin, todo lo que sea excelente o merezca elogio» (Filipenses 4.8 nvi). No permitas que los pensamientos ansiosos y negativos tomen las riendas de tu mente. No puedes controlar las circunstancias, pero siempre puedes controlar la manera en que piensas de ellas.

Uno de los momentos más difíciles de mi vida me sorprendió en un restaurante en Dalton, Georgia. Tenía diecinueve años y era la primera semana de mi primer verano en la universidad. Me encontraba a miles de millas de mi casa. Estaba durmiendo en un albergue del Ejército de Salvación donde, la noche anterior, un borracho que estaba en la litera superior se dio vueltas y vomitó. Si la nostalgia por estar en casa fuera agua, hubiera estado empapado hasta los tuétanos.

Con la promesa de dinero rápido y de visitar nuevos lugares, me había unido a dos amigos para vender libros de puerta en puerta. Mis amigos volvieron a casa durante la capacitación inicial. Estaba solo. Salí a vender e hice un descubrimiento: a nadie le agradan los vendedores de puerta en puerta. Mi primer día fue miserable.

«Hola, mi nombre es Max...». Portazo.

«Hola, mi nombre es Max...». Portazo.

«Hola, mi nombre es Max...». Portazo.

El segundo día no fue mejor. Me sentía más bajo que la barriga de una serpiente. En el almuerzo, me arrastré hasta un restaurante, le pasé la mano a mi ego magullado y me comí una hamburguesa. Mientras pagaba mi cuenta en la caja registradora, me percaté de un pizarrón magnetizado con algunas verdades obvias escritas en imanes de goma. Una estaba escrita en un limón amarillo y decía: «Cuando la vida te dé un limón, haz limonada».

El eslogan era popular, gastado y cursi. Pero nunca antes lo había escuchado. Y fue suficiente para convencerme de que no me rindiera con mi trabajo. Compré el imán y lo pegué en la franja metálica del tablero de instrumentos de mi Duster Plymouth 1973. Cada vez que me desanimaba, pasaba mi dedo por el limón de goma y me recordaba: *Puedo sentirme miserable o puedo prepararme una limonada.*

La gente siguió cerrándome la puerta en la cara y seguí preguntándome qué rayos hacía tan lejos de mi hogar. Pero sobreviví.

Han pasado cuatro décadas desde aquel día en el restaurante. Mucho ha cambiado desde entonces. Pero hay algo que sigue igual: la vida todavía nos da limones.

Por supuesto, la perspectiva de mi verano miserable no se compara con los limones que te han dado. Hace poco conversé con una señora mayor cuyo esposo había sido diagnosticado con demencia. Tiene que esconderle las llaves del auto. Hablé con una madre soltera que no recuerda cuándo fue la última noche que durmió bien. Se pregunta si tiene lo que hace falta para criar a sus hijos. Hablé con un hombre cuarentón que se está recuperando de las consecuencias de un divorcio. Se pregunta si alguna vez tendrá una familia feliz.

La vida todavía nos da limones. La vida les da limones a gente buena, gente mala, gente vieja, a todo el mundo. La vida viene con limones. Pero no tienes que chupártelos.

———•———

La vida les da limones a gente buena,

gente mala, gente vieja, a todo el

mundo. La vida viene con limones.

Pero no tienes que chupártelos.

Una vez escribí esta resolución:

> Hoy, voy a vivir el hoy.
>
> Ayer ya pasó.
>
> Mañana no ha llegado.
>
> Solo me queda hoy.
>
> Así que hoy, voy a vivir el hoy.
>
> ¿Revivir el ayer? No.
>
> Aprenderé de él.
>
> Buscaré misericordia para él.
>
> Me alegraré en él.
>
> Pero no viviré en él.
>
> El sol ya se puso en el ayer.
>
> El sol todavía no ha salido en el mañana.
>
> ¿Preocuparme sobre el futuro? ¿Para qué?
>
> Merece un vistazo, nada más.
>
> Hasta mañana no puedo cambiar el mañana.
>
> Hoy, voy a vivir el hoy.
>
> Enfrentaré los desafíos de hoy con las fuerzas de hoy.
>
> Bailaré el vals de hoy con la música de hoy.
>
> Celebraré las oportunidades de hoy con la esperanza de hoy.
>
> Hoy.

Voy a reír, escuchar, aprender y amar. Y mañana, si llega, lo hago otra vez.

Un nuevo día te espera, mi amigo. Una nueva temporada en la que te preocuparás menos y confiarás más.

Una temporada con un miedo reducido y una fe realzada. ¿Puedes imaginarte una vida en la que estés ansioso por nada? Dios puede. Y, con su ayuda, tú la experimentarás.

———•———

PREGUNTAS PARA REFLEXIONAR

Preparadas por Jessalyn Foggy

Capítulo 1

MENOS ANSIEDAD, MÁS FE

Lee Filipenses 4.4–9

CONFRONTA EL CAOS

1. Max describe la ansiedad de varias maneras: «un temor de baja intensidad», «un malestar» y «una sensación de temor flotante», por mencionar algunas.

   - Aunque nunca te hayas considerado como alguien que lucha con la ansiedad, ¿te pareció válida alguna de estas descripciones? Si es así, ¿cúal(es) de ellas?
   - Si ya has reconocido por algún tiempo que la ansiedad es parte de tu vida, ¿con qué aspecto de ella te identificas más? ¿Por qué?

2. Define la *ansiedad* en tus propias palabras, según tus experiencias. ¿Qué papel juega la ansiedad en tu vida?

3. «La ansiedad y el miedo son primos, pero no son idénticos». ¿Estás de acuerdo? Si es así, ¿cómo se manifiesta cada uno de forma diferente en tu vida?

4. Toma algún tiempo para definir tus ansiedades personales.

   - ¿Qué te mantiene despierto en la noche y qué te levanta temprano en la mañana?
   - ¿Qué te distrae persistentemente de la tarea que tienes por delante?

- ¿Qué provoca que se te apriete el pecho?
- Si tus ansiedades cambian de día a día, enfócate en mencionar lo que tienes en tu mente y en tu corazón en este momento.

ELIGE LA CALMA

5. Piensa en esto: «Nos han enseñado que la vida cristiana es una vida de paz y cuando no sentimos paz, asumimos que el problema es interno». Si esta ha sido tu perspectiva, ¿cómo te hace sentir Filipenses 4.4–9?

- ¿Te motiva?
- ¿Te desalienta?
- ¿Te parece imposible?

6. «La ansiedad no es pecado; es una emoción». El capítulo 1 señala cuatro causas de ansiedad consistentes: el cambio, el ritmo de vida, los retos personales y el envejecimiento.

- Piensa en un momento en el que el cambio creó ansiedad en tu vida. ¿Qué hay en la naturaleza misma del cambio que se presta para causarnos ansiedad?
- Reflexiona en el ritmo de tu vida en este momento. ¿Estás viviendo en un «modo de supervivencia»? Si es así, ¿a cuántas tareas o actividades en tu lista de quehaceres les dices que sí por obligación o por una «necesidad de sentirte necesitado»? ¿Podrías decir que no a algo con el fin de crear algún límite en tu vida? ¿Sí o no? ¿Por qué?
- Los retos personales pueden incluir muchas cosas distintas; sin embargo, con frecuencia hay preocupaciones que persisten

por algún tiempo, y quizás por toda la vida. Esto significa que es importante que las enfrentemos. ¿Cuáles son algunos retos personales que te causan preocupación? ¿Están estas preocupaciones fuera de tu control? Si es así, ¿estás orando diariamente por estos asuntos?

- ¿Qué te asusta más de estar envejeciendo? Reflexiona en la forma en que la Biblia habla sobre la edad (Proverbios 16.31; Isaías 46.4; Job 12.12). ¿Te parece que estos versículos suenan distinto a la manera en que la sociedad habla sobre envejecer? Si es así, ¿cómo se diferencian?

7. Lee los pasajes a continuación y anota la promesa que presenta cada uno de ellos:

> Confía en el SEÑOR con todo tu corazón;
> no dependas de tu propio entendimiento.
> Busca su voluntad en todo lo que hagas,
> y él te mostrará cuál camino tomar.
>
> —PROVERBIOS 3.5–6 NTV

> «Vengan a mí todos ustedes que están cansados y agobiados, y yo les daré descanso. Carguen con mi yugo y aprendan de mí, pues yo soy apacible y humilde de corazón, y encontrarán descanso para su alma. Porque mi yugo es suave y mi carga es liviana».
>
> —MATEO 11.28–30 NVI

> «La paz os dejo, mi paz os doy; yo no os la doy como el mundo la da. No se turbe vuestro corazón, ni tenga miedo».
>
> —JUAN 14.27

Deja tus preocupaciones al Señor,
y él te mantendrá firme;
nunca dejará que caiga
el hombre que lo obedece.

—SALMOS 55.22 DHH

Humíllense, pues, bajo la poderosa mano de Dios, para que él los exalte a su debido tiempo. Depositen en él toda ansiedad, porque él cuida de ustedes.

—1 PEDRO 5.6, 7 NVI

Aunque ande en valle de sombra de muerte,
No temeré mal alguno, porque tú estarás conmigo;
Tu vara y tu cayado me infundirán aliento.

—SALMOS 23.4

- ¿Cómo pueden estas promesas cambiar tu perspectiva acerca del día que tienes por delante?
- ¿Qué dicen estas promesas sobre el poder de Dios comparado con las ansiedades que enfrentas?

8. Escribe el acrónimo C.A.L.Ma. y colócalo en un lugar accesible para que te recuerde que «la paz de Dios, que sobrepasa todo entendimiento, cuidará sus corazones y sus pensamientos».

CELEBRA la bondad de Dios.

«Alégrense siempre en el Señor» (Filipenses 4.4 NVI).

- ¿Cómo expresarás hoy tu alegría por la bondad de Dios?

ACÉRCATE a Dios y pídele ayuda.

«Presenten sus peticiones a Dios» (Filipenses 4.6 NVI).

———•———

- Si todavía no mantienes un diario de oración, comienza uno. Comienza con las peticiones para el día de hoy.

LLEVA Y DEJA tus preocupaciones ante él.
«Denle gracias...» (Filipenses 4.6 NVI).

- A la hora de acostarte, repasa las preocupaciones que le presentaste a Dios esta mañana. Agradécele por aplacar tus pensamientos ansiosos.

MEDITA en todo lo bueno.
«Consideren bien [...] todo lo que sea excelente y merezca elogio» (Filipenses 4.8 NVI).

- Planifica tu día de modo tal que incluya tiempo a solas con Dios.

MEDITACIÓN

Querido Señor:

Les hablaste a tormentas. ¿Podrías hablarles a las nuestras? Calmaste el corazón de los apóstoles. ¿Podrías calmar nuestro caos interior? Les dijiste que no temieran. Dinos lo mismo. La preocupación nos tiene agotados; las tempestades de la vida nos han azotado y apocado. Oh, Príncipe de paz, concédenos un espíritu de calma. Igual que pasamos la página de este libro, ¿pasarías una nueva página en nuestras vidas? Calma la ansiedad. Danos valor. Permítenos tener menos ansiedad y más fe.

En el nombre de Jesús, amén.

Capítulo 2

ALÉGRATE EN LA SOBERANÍA DEL SEÑOR

No puedes controlar el mundo, pero sí puedes confiárselo a Dios.

Lee Isaías 6

CONFRONTA EL CAOS

1. ¿Qué cuadros, imágenes o personas vienen a tu mente cuando escuchas la palabra *soberano*?

2. Piensa en el significado de *soberano* en tu vida cotidiana. ¿Crees que le has cedido la soberanía a Dios?

   - Si no es así, ¿por qué?
   - Si es así, ¿*confías* también en su soberanía?

3. Este capítulo enfatiza el concepto de que «la convicción siempre precede a la conducta». Tu mente es el timón de tus acciones.

   - ¿Qué descubriste en este capítulo sobre tu sistema de valores?
   - ¿Refleja tu conducta un sistema de valores sólido? ¿Sí o no? ¿Por qué?

4. Hay muchas cosas que pueden hacer que sea difícil confiar en la bondad de la soberanía de Dios. Lee 2 Corintios 11.23–29, la larga lista de peligros de Pablo. Luego, lee en Filipenses 1.12, 13 la respuesta de Pablo a sus circunstancias.

   - ¿En qué circunstancias te cuesta trabajo confiar en los propósitos de Dios?
   - ¿Crees que Dios sea justo al pedirte una respuesta pura como la de Pablo? ¿Sí o no? ¿Por qué?
   - ¿Qué impide que creas plenamente que Dios es un Padre bueno que se preocupa por cada detalle de tu vida?
   - Toma el tiempo necesario para llevar ante el Señor estos obstáculos y ora: «¡Sí, creo, pero ayúdame a superar mi incredulidad!» (Marcos 9.24 NTV).

5. Hebreos 13.7, 8 dice: «Acuérdense de sus dirigentes... Consideren cuál fue el resultado de su estilo de vida, e imiten su fe. Jesucristo es el mismo ayer y hoy y por los siglos» (NVI).

   - ¿Hay personas en tu vida que creyeron en la mano firme de Dios cuando tenían muchas razones para estar ansiosas? ¿Cuál fue el resultado para ellos?
   - ¿Cómo puede afectar el ejemplo de estas personas tu capacidad para confiar en la soberanía de Dios?
   - Lee Hebreos 11 y medita en los muchos fieles que experimentaron tanto bendiciones como tribulaciones en esta vida y que confiaron en el Dios inmutable que nos cuesta trabajo confiar hoy. ¿Cómo concluyeron sus historias? ¿Valió la pena para ellos confiar en Dios? ¿Sí o no? ¿Por qué?

————•————

- ¿Cómo podemos usar estas historias como argumentos contra la ansiedad?

ELIGE LA CALMA

6. Reflexiona en este pensamiento: «La mente no puede estar llena de Dios y llena de temor al mismo tiempo».

    - ¿Cómo podría afectar esta verdad tu forma de utilizar tu tiempo libre?
    - ¿Qué medidas puedes tomar para disciplinar tu mente?

7. «Tu ansiedad disminuye conforme aumenta tu comprensión de tu papá». Si pones en práctica este pensamiento, ¿en qué maneras puedes buscar una compresión más profunda sobre quién es Dios?

    - ¿Qué cambios intencionales puedes hacer en tu agenda diaria para asegurarte de que el carácter de Dios esté en el primer plano de tu mente?
    - ¿Cómo cambiaría tu conducta si te atrevieras «a creer que pasarán cosas buenas»?

8. Presta atención hoy a este reto: «¿Estás preocupado, intranquilo, desvelado? Entonces, alégrate en la soberanía del Señor. Te reto —te reto por partida doble— a que expongas tus preocupaciones a una hora de adoración. Tus inquietudes se derretirán como el hielo en una acera en pleno verano. La ansiedad disminuye conforme aumenta la confianza».

    Esta semana acepta el reto de Max y expón tus preocupaciones a una hora de adoración.

MEDITACIÓN

ORACIÓN DE SAN PATRICIO

Me levanto hoy
por medio del poder del cielo:
luz del sol,
esplendor del fuego,
rapidez del rayo,
ligereza del viento,
profundidad de los mares,
estabilidad de la tierra,
firmeza de la roca.
Me levanto hoy por medio de la fuerza de Dios que me conduce,
poder de Dios que me sostiene,
sabiduría de Dios que me guía.
Me levanto hoy
por medio de la poderosa fuerza...
del Creador del universo.[1]

Capítulo 3

ALÉGRATE EN LA MISERICORDIA DEL SEÑOR

La culpa alborota el alma. La gracia la calma.

Confronta el caos

1. «Existe una culpa que aplasta tu alma como un bloque de concreto y provoca que una persona se sienta culpable por estar viva. Existe una culpa que dice: *lo hice mal.* Y, entonces, existe una culpa que concluye: *soy una mala persona.* Esta fue la culpa sombría y profunda que sentí. De pronto estaba cara a cara con una versión de mí que nunca antes había conocido».

   - ¿Te puedes identificar con esta culpa tenebrosa y desorientadora descrita arriba?
   - Tal vez lo que provoca tu culpa sea un suceso en el pasado o quizás sea algo que intentas superar todos los días. Dedica unos momentos para pensar cuidadosamente e identificar las fuentes más profundas de culpa en tu vida.

2. Lee Génesis 3, el relato sobre la entrada del pecado en el mundo. Mientras lees, haz una lista de las emociones que sintieron Adán y Eva inmediatamente después que desobedecieron.

———•———

- ¿Cuándo comenzaron los sentimientos negativos?
- ¿Cómo Adán y Eva pasaron del pensamiento negativo a la acción pecaminosa?
- Fíjate cómo reaccionaron emocional y físicamente.

3. «En las listas de lo que típicamente provoca ansiedad, encontramos las agendas muy cargadas, las exigencias poco realistas o el tráfico pesado. Sin embargo, tenemos que profundizar más. Detrás de las expresiones frenéticas en los rostros de la humanidad, encontramos remordimiento sin resolver».

    - ¿Estás de acuerdo con el planteamiento anterior? ¿Sí o no? ¿Por qué?
    - ¿Crees que es cierto para Adán y Eva?
    - ¿Crees que algo más profundo que el tráfico pesado o las exigencias profesionales podría estar causando tu ansiedad?
    - ¿Atribuirías parte de lo que sientes al remordimiento o a un sentido de culpa? ¿Sí o no? ¿Por qué?

4. En las páginas 43-45 vemos una lista de las maneras en que tratamos de lidiar con la culpa. Los principales enfoques falsos que se describen son los siguientes: la adormecemos, la negamos, la minimizamos, la enterramos, la castigamos, evitamos mencionarla, la desviamos, la neutralizamos y la personificamos. Relee sus descripciones en el capítulo 3.

    - Durante los momentos de mayor ansiedad, ¿a cuál(es) de estos enfoques recurres con más frecuencia?
    - Consulta tus respuestas a la pregunta #1. ¿Cómo tratas de lidiar con las fuentes más profundas de tu culpa?

5. No es agradable confrontar nuestra culpa porque con frecuencia requiere que revivamos experiencias o temporadas dolorosas de nuestras vidas. Sin embargo, el no hacerlo solo perpetúa el problema. «La culpa no resuelta te convertirá en una persona infeliz, agotada, enojada, estresada y preocupada».

- Analiza tu culpa. ¿Te sientes cargado porque necesitas pedir perdón a alguien? Traza un plan para hacerlo. Haz la llamada. Escribe la carta. Aligera la carga de tu corazón.
- Lee otra vez Salmos 32.3, 4. ¿Te identificas con este pasaje? ¿Acaso la ansiedad y el miedo te están afectando físicamente? Explica.
- ¿Sientes como si siempre estuvieras corriendo o escondiéndote?
- Si la respuesta es sí, busca en esta semana a una persona a la que puedas confesarle estos sentimientos. Confíale estos secretos a alguien que merezca tu confianza. Cuando decimos algo en voz alta, con frecuencia pierde algo de su poder sobre nuestras mentes.

Elige la calma

6. Ahora, ¿cuál es el siguiente paso? Una vez que hemos identificado nuestra culpa, ¿cómo avanzamos de una manera saludable? Hay buenas noticias para los que pueden enfrentar su caos sin rodeos:

> «Un santo feliz es aquel que es consciente, al mismo tiempo, de la gravedad del pecado y de la inmensidad de la gracia. El pecado no se reduce, ni tampoco la capacidad de Dios para

Alégrate en la misericordia del Señor

perdonarlo. El santo mora en la gracia, no en la culpa. Así se define un alma tranquila».

- ¿Crees que reconocer la gravedad de tu pecado aumenta la magnitud y el poder de la noticia de que la gracia está disponible para ti? ¿Sí o no? ¿Por qué?
- Además, ¿puedes identificar el rol de la elección en la cita anterior? ¿Cuál es tu rol?

7. «Mi salvación no tiene nada que ver con mis obras y todo que ver con la obra consumada de Cristo en la cruz».

- ¿Crees que esto es cierto? Si es así, ¿tu forma de vivir refleja que es cierto? ¿Cómo lo haces?
- Si no lo crees, «hemos descubierto una fuente de tu ansiedad [...] Lo que hiciste no fue bueno. Pero tu Dios *es* bueno. Y él te perdonará. Él está listo para escribir un nuevo capítulo en tu vida. Repite con Pablo: "Olvidando lo que queda atrás y esforzándome por alcanzar lo que está delante, sigo avanzando hacia la meta para ganar el premio que Dios ofrece"» (Filipenses 3.13, 14 NVI).
- Toma un momento para escribir una oración en la que le pidas ayuda a Dios para creer que su gracia es realmente más grande que cualquier cosa que hayas hecho.

8. El capítulo 3 termina con la historia de un trapecista. Relee la historia y la metáfora que Max presenta a través de ella.

- ¿Qué impide que confíes plenamente en que Dios puede atraparte?

- Aunque «practicar» la confianza puede parecer poco natural, no debe sorprendernos que requiera un esfuerzo disciplinado. La Biblia usa repetidamente metáforas atléticas para referirse a la jornada de fe, lo que insinúa que se necesita dedicación diaria y disciplina para entrenar nuestras mentes y nuestros corazones. ¿Cuáles son algunas maneras prácticas para disciplinar tu mente y tu corazón para entregar tu culpa al Señor cada día?

MEDITACIÓN

Tu Padre jamás ha dejado caer a nadie. No te dejará caer a ti. Su agarre es fuerte y sus manos están abiertas. Tal como proclamó el apóstol: «Yo *sé* que Dios siempre me cuidará y me protegerá de *todo mal*, hasta que me lleve a su reino celestial. ¡Él merece que lo alabemos por siempre! Amén».[2]

Capítulo 4

ALÉGRATE *SIEMPRE* EN EL SEÑOR

Dios usa todo para que se cumpla su voluntad.

Lee Génesis 39–40

CONFRONTA EL CAOS

1. José enfrentó una adversidad tras otra. Aun antes que sufriera injusticia debido a la esposa de Potifar y que fuera abandonado en la cárcel, los hermanos de José lo vendieron como esclavo. Muy pocas personas han sido más «olvidadas».

   - ¿Te sientes olvidado? ¿En qué áreas de tu vida esto te duele más?
   - ¿Cómo te hace sentir la instrucción: «Alégrense siempre en el Señor» (Filipenses 4.4 NVI)? (¡No hay ningún problema con ser sincero si te enoja o te sientes incomprendido!).

2. Max reseña brevemente distintos sistemas de valores y cómo Dios interactúa con el mundo creado. «¿Sabe [Dios] lo que me está pasando? ¿Le importa? El deísmo dice que no. Dios creó el universo y luego lo abandonó. El panteísmo dice que no. La creación no tiene historia ni propósito en sí misma; es simplemente una parte de Dios. El ateísmo dice que no. Como

es de esperar, la filosofía que descarta la existencia de un dios, a su vez, también descartará la posibilidad de un plan divino. Por otra parte, el cristianismo dice: "Sí, existe un Dios. Sí, este Dios está involucrado personal y poderosamente en su creación"». La manera en que ves a Dios interactuando con su creación es decisiva para tus sentimientos hacia él al enfrentar circunstancias difíciles.

- ¿Cómo describirías la interacción de Dios con la creación?
- ¿En qué te basas para esto?

3. «"Él ya existía antes de todas las cosas y mantiene unida toda la creación" (Colosenses 1.17 NTV). Si él diera un paso atrás, la creación colapsaría. Su renuncia significaría nuestra evaporación. "Puesto que en él vivimos, nos movemos y existimos" (Hechos 17.28 NVI)».

- Lee Colosenses 1 y Hechos 17.
- ¿Cómo estos pasajes comunican tu teología de la participación de Dios en nuestras vidas diarias?

4. Por lo que leemos sobre José, parece que se mantuvo reiteradamente fiel a pesar de las circunstancias difíciles que le seguían a menudo.

- ¿Por qué crees que Dios permitió que Josué sufriera rechazo, injusticia y pérdida, no solo una vez, sino repetidamente?
- ¿Has respondido alguna vez como José, pero sentiste como si Dios hubiera permitido tanto dolor que nada bueno podría salir de la experiencia? Si es así, ¿cómo moldeó esto tu perspectiva sobre el carácter de Dios?

- ¿Piensas que mereces una recompensa por permanecer fiel? ¿Crees que Dios te debe algo por tu perseverancia? Sé sincero contigo mismo. ¿Sí o no? ¿Por qué?

5. Reflexiona en tu vida y en las vidas de otros creyentes que conoces. ¿Ha salido algo bueno de circunstancias terribles?

- Toma una de esas circunstancias y haz una lista de cualquier rayo de luz que haya salido de la oscuridad de la situación.

- ¿Cómo concilias las tragedias que ves en las noticias con tu noción de un Dios amoroso?

Elige la calma

6. La capacidad para «alegrarse siempre» *tiene* que venir de algo externo a nuestro entorno de experiencia. La vida es demasiado difícil y dolorosa para proveernos suficientes momentos de alegría temporeros para mantener la capacidad de alegrarnos siempre. Si José hubiera decidido alegrarse siempre basándose en sus breves experiencias de alegría, nunca habría durado.

- Todo es cuestión de perspectiva. ¿Acaso estás invirtiendo una cantidad excesiva de tu afecto, identidad y propósito en algo que puedes perder?

- Si crees en Jesús y te consideras un hijo de Dios, esta vida es minúscula al compararla con la eternidad. ¿Cómo puedes reenfocar tu atención y dirigir tu afecto, identidad y propósito en lo que está por venir?

- El concepto de una eternidad sin dolor, sufrimiento o pérdida ¿te ofrece algún consuelo para esta vida y lo que sea que estés enfrentando aquí y ahora? ¿Acaso este futuro prometido produce alguna alegría en tu alma? ¿Sí o no? ¿Por qué?

7. Regresa a la primera pregunta. Con el recordatorio de las cosas que te hacen sentir olvidado, lee los siguientes pasajes bíblicos:

   Isaías 49.15, 16

   Isaías 53

   • Si Dios estuvo dispuesto a entregar a su propio Hijo para que muriera en tu lugar, ¿realmente crees que te ha olvidado? Si Jesús estuvo dispuesto a soportar cada aflicción conocida por la humanidad, ¿de verdad crees que la razón para tus pruebas (por más dolorosas que puedan ser) es que él no te ama?

   • A veces, las tragedias no tienen sentido. Tal vez tengamos que esperar hasta la eternidad para descubrir la respuesta a la pregunta *por qué*. Pero sí sabemos que él nos ama y que nos tiene grabados en la palma de sus manos. Toma unos momentos para meditar en esta verdad.

8. Alegrarse no siempre luce como pensamos. No tiene que conllevar un rostro sonriente o una personalidad efusiva.

   • Lee 2 Corintios 6.4–10.

   • Escribe en tus propias palabras lo que significar alegrarse siempre.

9. Cada día presenta una oportunidad para elegir. «Si algo podemos aprender de la historia de José, es esto: siempre tenemos una opción. Podemos vestirnos con nuestro dolor o vestirnos con nuestra esperanza. Podemos cubrirnos con nuestra desgracia o podemos cubrirnos con la providencia de Dios. Podemos

derrumbarnos ante el pandemonio de la vida o podemos apoyarnos en el perfecto plan de Dios. Y podemos creer esta promesa: "Sabemos que Dios dispone todas las cosas para el bien de quienes lo aman, los que han sido llamados de acuerdo con su propósito" (Romanos 8.28 NVI)».

- ¿Cómo puedes esforzarte para elegir la esperanza? ¿A qué necesitas renunciar para hacer esto?
- La ansiedad llegará, pero cuando llegue... ¿qué elegirás para alegrarte?

MEDITACIÓN

ESTOY BIEN (ALCANCÉ SALVACIÓN)

De paz inundada mi senda ya esté
O cúbrala un mar de aflicción,
cualquiera que sea mi suerte, diré:
Estoy bien, tengo paz, gloria a Dios!

Estoy bien (estoy bien)
gloria a Dios (gloria a Dios)
Tengo paz en mi ser, gloria a Dios

Ya venga la prueba o me tiente Satán,
No amengua mi fe ni mi amor;
Pues Cristo comprende mis luchas, mi afán
Y su sangre obrará en mi favor

Oh cuánto me gozo en Su salvación
Fue pleno Su amor y perdón
Clavó mi pecar en la cruz, lo olvidó
¡Gloria a Dios! ¡Gloria al Hijo de Dios!

La fe tornaráse en feliz realidad
Al irse la niebla veloz,
Desciende Jesús con su gran Majestad,
¡Aleluya! Estoy bien con mi Dios.[3]

Capítulo 5

CALMA CONTAGIOSA

*La ansiedad es innecesaria
porque Dios está cerca.*

CONFRONTA EL CAOS

1. Reflexiona en estas palabras: «Te sentirás tentado a apretar el botón, no de misiles nucleares, pero sí de estallidos de ira, de un aluvión de acusaciones, de feroces represalias de palabras hirientes. La ansiedad descontrolada produce olas de destrucción. ¿Cuántas personas han sido heridas a causa del estrés desenfrenado?».

   - ¿Cómo reaccionas ante lo imprevisto?
   - ¿Te describirían como «experimentado y maduro» las personas más cercanas a ti? ¿Sí o no? ¿Por qué?
   - ¿Qué provoca que reacciones o respondas con un temperamento desenfrenado?
   - ¿Sientes que eres capaz de controlar tus reacciones instintivas en momentos cuando todo va «cuesta abajo»? Si es así, ¿qué te ayuda a hacerlo?

2. ¿Conoces a algunas personas que se distinguen por su calma?

   - ¿Cómo te hacen sentir esas personas?

- ¿Te gusta estar cerca de ellas?
- ¿Cómo otras personas responden o interactúan con ellas?
- ¿Qué otras cualidades u otros rasgos tienen que se originan en su calma contagiosa?
- Piensa en un momento en que presenciaste una situación de estrés que se resolvió porque una persona reaccionó calmadamente.

3. Lee en los cuatro Evangelios el relato de cuando Jesús alimentó a los cinco mil (Mateo 14.13–21; Marcos 6.30–44; Lucas 9.10–17; Juan 6.1–15).

- Fíjate en la reacción instintiva de los discípulos en cada relato. ¿Cómo respondieron?
- Ponte en sus zapatos. Imagínate que cincuenta personas se presentan inesperadamente en tu casa para cenar. No pienses en lo que *harías*, sino en cómo *reaccionarías*. Explica.

4. La ansiedad aumenta cuando sentimos que estamos perdiendo el control. Esto se intensifica cuando sentimos que todo depende de nosotros o que somos los únicos que podemos arreglar una situación. Por lo tanto, la ansiedad se intensifica cuando nos sentimos solos.

- ¿Cuándo te sientes más solo?
- ¿Es una situación, una persona, una experiencia o una temporada de vida lo que provoca que te sientas solo?
- ¿Te diriges a alguien en particular cuando te sientes solo?
- ¿Alguna vez te ha defraudado esa persona? O, peor aún, ¿alguna vez te ha hecho sentir más solo?

ELIGE LA CALMA

5. Cuando otros te defraudan, la amistad del Señor es la más dulce de todas. Lee Salmos 25.14.

   - ¿Tienes una *amistad* con el Señor?
   - Si puedes imaginar al Señor como un amigo fiel que te saluda temprano en la mañana para salir en una larga caminata o para conversar mientras se toman un café, ¿cómo cambiaría esto la percepción que tienes de tu situación actual?
   - Separa un tiempo en esta semana para encontrarte con el Señor como un amigo. Y descansa con la certeza de que él ve y siente mucho más que cualquier otra persona en tu vida.

6. Es muy raro que otro ser humano te haga sentir realmente valorado y comprendido; de hecho, es un lujo, no un derecho de nacimiento.

   - Lee Salmos 139 y haz una lista de las maneras en que Dios te conoce.
   - Según el texto bíblico, ¿hay algo que él no entienda sobre ti? ¿Cómo ese conocimiento afecta tus oraciones?

     En los momentos cuando nos sentimos más solos, Aquel que creó nuestras «entrañas» y nos formó «en el vientre de [nuestra] madre» nos ofrece una amistad; una cercanía que no se compara con ninguna otra. Dios creó lo más interno y lo más externo de nuestro ser. Él nos conoce emocional, física y mentalmente mejor que ninguna otra persona.

7. Lee esta definición de calma: «El justo será siempre recordado; ciertamente nunca fracasará. No temerá recibir malas noticias;

su corazón estará firme, confiado en el Señor. Su corazón estará seguro» (Salmos 112.6–8 nvi).

- Según estos versículos, ¿dónde se origina la ecuanimidad?
- Pídele al Señor que te conceda más confianza en la cercanía de su presencia hoy.

Meditación

En la declaración máxima de comunión, Dios se llamó a sí mismo Emanuel, que significa «Dios con nosotros». Se hizo carne. Se hizo pecado. Derrotó el sepulcro. Todavía está con nosotros. A través de su Espíritu, nos consuela, nos enseña, nos convence de culpa. No asumas que Dios está mirando desde lejos. El pensamiento: *¡Dios te ha abandonado!* es como arena movediza. Evítala. No cedas a esta mentira. Si lo haces, una sensación de soledad amplificará tu problema. Una cosa es enfrentar una dificultad, ¿pero enfrentarla completamente solo? El aislamiento crea un ciclo de miedo descendente. En lugar de esto, elige ser la persona que se aferra a la presencia de Dios con ambas manos. «El Señor está conmigo, y no tengo miedo; ¿qué me puede hacer un simple mortal?» (Salmos 118.6 nvi).

Capítulo 6

ORACIÓN, NO DESESPERACIÓN

La paz llega cuando la gente ora.

Confronta el caos

1. Piensa detenidamente en tu actitud hacia la oración. Tal vez hayas sido cristiano por mucho tiempo y la oración se ha convertido en algo trivial. Quizás seas un nuevo cristiano y te sientas abrumado ante esta interacción sobrecogedora.

   - ¿La oración te hace sentir agotado, confundido o apático, o te emociona?
   - Intenta describir tu vida de oración en una frase.

2. Lee la parábola de contraste en Lucas 18.1–8 que aparece al principio del capítulo 6.

   - Lee otra vez todos los versículos y anota las diferencias entre la viuda y tú en una columna, y las diferencias entre Dios y el juez en otra columna.
   - ¿Qué crees que dice sobre la naturaleza de la oración el que Jesús supiera que necesitaríamos una historia que nos

---

inspirara a orar de manera constante y a nunca darnos por vencidos?

- ¿Cuál es la característica o postura que domina en esta parábola? ¿Cuál es el atributo de la vida de oración que más se enfatiza?

3. La parábola termina con la pregunta: «Pero cuando venga el Hijo del Hombre, ¿hallará fe en la tierra?».

- ¿Qué implica esto?
- ¿Cómo contestarías esa pregunta?

4. «Dios no se demora. No te pone en espera ni te dice que llames más tarde. Dios ama el sonido de tu voz. Siempre. No se esconde cuando llamas. Él escucha tus oraciones».

- ¿Te cuesta trabajo creer que Dios quiere escuchar tus oraciones? ¿Sí o no? ¿Por qué?
- ¿Hay alguna experiencia o situación que haya influencia profundamente esta opinión? Explica.
- Si supieras de seguro que Dios está escuchando tus oraciones, ¿cómo cambiaría tu vida de oración?

5. Lee el final de Lucas 18, los versículos 35–43. Como es característico de las sanidades de Jesús, él le dice al ciego: «Tu fe te ha sanado» (NVI).

- ¿Cómo se manifiesta la fe del ciego en esta interacción? Mira detenidamente las palabras que se usan en este pasaje.
- Fíjate también en la multitud de esta historia. ¿Cuál es su reacción antes de la sanidad? ¿Cuál es su reacción después de la sanidad?

- ¿Alguna vez te has sentido solo en lo que crees sobre el poder de la oración?
- ¿Acaso la opinión popular persuade tu convicción en el poder de la oración?
- ¿Qué diría esta historia sobre el efecto que tu vida de oración puede tener en las personas que te rodean?

ELIGE LA CALMA

6. Max menciona los beneficios de una oración *específica* en el capítulo 6. Una oración específica es «una oración importante», y «una oportunidad para ver a Dios en acción» y «crea una carga más ligera».

   - Piensa en tus ansiedades. ¿Las llevas, específicamente, ante Dios en oración?
   - Si es así, ¿cómo lo haces? Si no, ¿cómo podrías hacerlo?

7. La oración requiere disciplina y dedicación. Exige un esfuerzo para separar el tiempo y necesitas creer en ella para que seas constante. Si no creemos que Dios nos esté escuchando o que se preocupa realmente por nosotros, nuestra decisión de orar desvanecerá rápidamente.

   > «Así que humíllense ante el gran poder de Dios y, a su debido tiempo, él los levantará con honor. Pongan todas sus preocupaciones y ansiedades en las manos de Dios, porque él cuida de ustedes». (1 Pedro 5.6, 7 NTV)

- Según estos versículos, ¿por qué debes entregarle a Dios tus preocupaciones y ansiedades?
- ¿Te parece esta una razón suficiente para hacer el esfuerzo de orar?
- Fíjate que estos versículos no te piden que olvides ni que dejes a un lado tus ansiedades. Más bien, reconocen que tus ansiedades son reales. En lugar de dejarlas de lado, literalmente las estás poniendo *en* Dios. Él te dice que le transfieras tu carga a él. ¿Cómo podría esta imagen dirigir tu forma de orar?
- Escoge un momento en el día para hacer una lista de tus ansiedades. Dobla la lista, físicamente, y colócala en algún lugar (en una cesta, una gaveta, etc.). Cuando comiences a sentirte ansioso, recuerda que ya colocaste tus cargas de ese día en Dios.

8. En tus momentos personales de lectura de la Biblia, encuentra tres promesas de Dios que hablen a tu corazón. Tómale la palabra a Dios y pídele que haga lo que ya dijo que haría en tu vida.

MEDITACIÓN

«Vengan a mí todos los que están cansados y llevan cargas pesadas, y yo les daré descanso. Pónganse mi yugo. Déjenme enseñarles, porque yo soy humilde y tierno de corazón, y encontrarán descanso para el alma. Pues mi yugo es fácil de llevar y la carga que les doy es liviana» (Mateo 11.28–30 NTV).

Capítulo 7

GRATITUD ABUNDANTE

*El contentamiento basado en Cristo
nos convierte en personas fuertes.*

CONFRONTA EL CAOS

1. Medita en estas preguntas: «¿Parece que la buena vida siempre está a un *si tan solo* de distancia? ¿A una compra de distancia? ¿A un ascenso de distancia? ¿Una elección, transición o romance de distancia?».

   - ¿Cuáles *si tan solo* te han distraído recientemente? A veces, lo que deseamos es bueno, pero nuestra obsesión por alcanzarlo nos consume demasiado. Las cosas buenas se vuelven malas cuando se convierten en lo primordial.

   - ¿Es tu *si tan solo* bueno en sí mismo? Si es así, ¿es peligroso, entonces, tu dedicación a ello?

2. ¿Qué prácticas has implementado para perseguir tu *si tan solo*?

   - ¿Son estas prácticas saludables?
   - ¿Sí o no? ¿Por qué?

---

3. Toma unos momentos para mirar tu calendario del mes pasado. Luego, toma algo de tiempo para leer tu diario y, si no mantienes un diario, echa un vistazo a lo que te distrae durante el día.

   - ¿En qué usaste la mayor parte de tu tiempo?
   - ¿Cómo usas tu energía mental?
   - ¿Notas algún patrón? ¿Puedes ver ciertas cosas que tienden a ocupar tu tiempo, tus pensamientos y tus recursos? ¿Qué dice esto sobre tu idea de dónde encontrar «la buena vida»?

4. ¿Te identificas con esta descripción: «Tienes prisa por cruzar el río [Si tan solo] y te preocupa que nunca puedas hacerlo»?

   - ¿Tienes un plan para tu vida y temes que tal vez nunca se haga realidad?
   - Si este sueño nunca se hiciera realidad, ¿podrías de todas maneras encontrar valor en la vida? ¿Sí o no? ¿Por qué?

Elige la calma

5. El capítulo 7 habla sobre dos listas: la lista de los *si tan solo* y la lista de los *ya*. Ya describiste tus *si tan solo* en la primera pregunta. Toma ahora unos momentos para escribir tus *ya*.

   - Menciona algunas de las cosas por las que estás agradecido.
   - ¿Qué cosas has recibido que pensaste que tal vez nunca ocurrirían?

6. Lee Filipenses 4.11–13. «Es curioso que Pablo use el término *secreto*. Él no dice: "He aprendido el *principio*". O: "He aprendido el *concepto*". En cambio: "He aprendido el *secreto* de vivir [contento] en cualquier situación"».

———◦———

- ¿Por qué crees que es tan difícil vivir contentos?
- ¿Crees que sea posible que descubras lo que Pablo descubrió: «el *secreto* de vivir [contento] en cualquier situación»?

7. La alegría condicionada suena como algo agotador y que produce ansiedad.

- Si mantuvieras tu enfoque en los regalos que ya tienes y que no puedes perder, ¿cómo cambiaría tu actitud?
- ¿Cómo cambiarían tus relaciones?

MEDITACIÓN

La muerte, el fracaso, la traición, la enfermedad, la desilusión... nada puede quitarnos la alegría porque tampoco pueden quitarnos a nuestro Jesús... Lo que tienes en Cristo es mucho más que lo que no tienes en la vida. Tienes a Dios —que está loco por ti—, y las fuerzas celestiales que velan por ti y te protegen. Tienes la presencia viva de Jesús en ti. En Cristo tienes todo.

Capítulo 8

LA PAZ DE DIOS ES TU PAZ

Tal vez estés enfrentando la tormenta perfecta,
pero Jesús te ofrece la paz perfecta.

CONFRONTA EL CAOS

1. ¿Has atravesado alguna temporada en tu vida en la que pensaste que jamás sobrevivirías?

   - ¿Estás atravesando ahora una temporada como esta?
   - ¿En qué se parece —o se parecía— esta temporada a otras circunstancias difíciles en tu vida?

2. Flannery O'Connor, una escritora del sur de Estados Unidos que vivió a finales del siglo XX escribió: «La naturaleza humana resiste la gracia vigorosamente porque la gracia nos cambia, y el cambio es doloroso».[4] Con frecuencia, las experiencias dolorosas en la vida se intensifican por el hecho de que cambian o alteran la vida que conocemos y dejan en nosotros cicatrices de cambio.

   - ¿Crees que la temporada más difícil de tu vida te ha cambiado? Si es así, ¿cómo?
   - Si hoy día estás atravesando la «tormenta perfecta», ¿sientes que estás cambiando, ya sea positiva o negativamente? Explica.

- ¿Eres capaz de apreciar estos cambios como una forma de la gracia? ¿Sí o no? ¿Por qué?

3. En algunas ocasiones, nuestras acciones desatan las tormentas de la vida; y, en otras, las tormentas parecen aleatorias y arbitrarias.

   - ¿Hay algo que debas confesar antes que puedas aferrarte a la gracia de Dios en esta tormenta?
   - ¿Crees que parte de lo que estás experimentando es una consecuencia de no haber escuchado las advertencias de Dios?
   - O, si este tiempo de prueba te parece arbitrario, ¿hay algo que esté impidiendo que aceptes la paz que Dios quiere ofrecerte?

4. Los momentos de ansiedad y desesperación no son tormentas de una sola noche; pueden durar años. La tragedia no se ciñe a las normas de la conveniencia. A continuación hay dos versos del famoso himno «Castillo fuerte es nuestro Dios»:

   > Castillo fuerte es nuestro Dios, defensa y buen escudo.
   > Con su poder nos librará en todo trance agudo.[5]

   Martín Lutero (el escritor del himno), Pablo, Daniel y muchos otros sabían que la única manera de sobrevivir a una «tormenta perfecta» —una temporada que te lanza cambios desde todas las direcciones posibles— es teniendo un «castillo fuerte».

   - ¿Cuál es tu castillo fuerte? ¿Tienes algo a qué aferrarte durante esta temporada de cambio e inseguridad, en la que casi ni te reconoces?
   - ¿Existen algunos pilares a los que has recurrido en el pasado que ahora han cedido bajo tu peso?

ELIGE LA CALMA

5. Los seguidores de Jesús saben que él es su castillo fuerte, pero aún más específico: la paz de Dios es un castillo fuerte. Es constante y segura, y es una promesa para aquellos que creen en él.

   - ¿Cómo crees que se sentiría la paz de Dios en tu situación?

   - ¿La has sentido alguna vez? Si no es así, ¿cuál crees que sea el obstáculo para tu paz?

   - Si no la has sentido, ¿todavía crees que exista la paz de Dios?

6. Pedir y no recibir puede sentirse como rechazo, y el rechazo encima de una experiencia trágica puede parecer insoportable. ¿Puedes identificarte con alguna de estas preguntas?

   ¿Se han topado tus oraciones con un cielo en silencio?

   ¿Has orado y no has escuchado nada?

   ¿Estás vagando en la tierra entre una oración elevada y una oración contestada?

   ¿Sientes la presión del mortero y la maja de Satanás?

   Si es así, ¿estás dispuesto a seguir buscando respuestas en Cristo? Considera las opciones. ¿Hay alguna otra manera que parezca más útil?

7. Lee Isaías 40.31.

   - ¿Qué crees que significa esperar a Jehová en tu situación?

   - Si la espera renovara tus fuerzas, ¿valdría la pena esperar?

8. En este capítulo Max aconseja: «Dirige con adoración. Acércate primero a tu Padre en oración y alabanzas. Confiésale tus temores. Reúnete con su gente. Vuelve tu rostro hacia Dios.

Rápido. Suplícale que te ayude. Reconoce tu debilidad. Entonces, una vez que Dios se mueva, muévete tú también. Espera ver al Dios de los siglos peleando por ti. Él está cerca, tan cerca como tu próximo respiro».

- Haz una lista de las acciones que menciona esta cita.
- ¿Estás esperando que Dios se mueva, pero no le estás pidiendo que lo haga?
- ¿Te estás ahogando en tu depresión sin suplicarle al Señor que te ayude?
- ¿Cómo puedes esperar más de Dios en tu situación?
- ¿Qué necesitas para estar seguro de que él controla cada segundo de tu vida?
- Lee detenidamente el capítulo 8 otra vez y presta atención a cada ejemplo o historia sobre cómo Dios suprimió la tormenta. ¿Crees que los personajes en esos relatos estaban seguros de que sus historias terminarían de la forma que terminaron?
- Insiste en recordarte una historia distinta de este capítulo cada día de esta semana.

MEDITACIÓN

«Cuando tienes a Dios, lo tienes todo; pero también lo has perdido todo cuando lo pierdes a él. *Quédate con Cristo*, aunque tus ojos no lo vean y tu razón no lo comprenda».[6]

—MARTÍN LUTERO, ÉNFASIS AÑADIDO

Capítulo 9

PIENSA EN LO
QUE PIENSAS

Tu problema no es tu problema,
sino tu forma de verlo.

Confronta el caos

1. Medita en estas palabras: «No escogiste tu lugar ni tu fecha de nacimiento. No escogiste a tus padres ni a tus hermanos. No puedes decidir sobre las condiciones del tiempo ni la cantidad de sal en el océano. Hay muchas cosas en la vida sobre las que no puedes decidir. Pero la actividad más importante de la vida sí está dentro de lo que puedes controlar. Tú puedes escoger en qué piensas».

   - ¿Se te hace difícil controlar lo que piensas?
   - Describe alguna experiencia en la que sientes que tomaste control de tus pensamientos.

2. ¿Permites que tu mente divague?

   - ¿Adónde va tu mente cuando no la diriges?
   - ¿Cómo te sientes después?

3. Todos los días somos bombardeados con información que pelea por un espacio en nuestro cerebro (¡los vendedores son buenos en lo que hacen!). Los teléfonos celulares, los medios sociales y los anuncios publicitarios nos presentan una avalancha de contenido incesante.

   - ¿Qué deseos o caprichos satisfaces aun cuando sabes que deberías mantenerte alejado de ellos y mantener tu mente enfocada en la verdad? Haz una lista de esas cosas.
   - ¿Por qué tomas estas decisiones?
   - ¿Qué notas sobre tus circunstancias o estado físico cuando eres más susceptible a bajar tu guardia mental?

4. ¿Estás de acuerdo con este planteamiento: «Tu desafío no es tu desafío. Tu desafío es la forma en que piensas sobre tu desafío. Tu problema no es tu problema, sino tu forma de verlo»?

   - ¿Sí o no? ¿Por qué?
   - Llena los blancos: Mi problema no es _____; es que permito que mi mente se enfoque en _____.

ELIGE LA CALMA

5. Lee otra vez Filipenses 4.8, 9 y escribe los atributos en los que Pablo nos exhorta a enfocarnos. Presta atención particularmente al primer atributo que menciona Pablo.

   - ¿Crees que la fuente de tu ansiedad es *verdadera*?
   - ¿Se ha convertido esa fuente en una realidad o es algo que *podría* ocurrir?
   - Si no ha ocurrido, ¡no te sigas preocupando por ello!

6. Por otro lado, si la fuente de tu ansiedad es real, haz una lista de otras *verdades* que son buenas. Estas cosas son tan ciertas como la montaña que enfrentas.

   - ¿Qué lista tendrá prioridad en tu mente?
   - ¿Qué papel crees que juega el Espíritu Santo para ayudarte a hacer esto?

7. ¿A quién te diriges cuando escuchas malas noticias? Menciona por lo menos a tres personas.

   - ¿Dónde está Dios en la lista?
   - ¿Qué dice la posición que Dios ocupa en esta lista sobre lo que tú crees acerca de su habilidad para solucionar tus problemas o su deseo de escuchar tus oraciones?

8. Lee Salmos 8 y Salmos 121.

   - ¿Hay algo en estos pasajes que llama tu atención acerca de Dios?
   - Con frecuencia, nuestra perspectiva de nuestros problemas se destaca más que nuestra perspectiva de Dios. ¿De qué manera puedes comenzar el día de modo que la fuente de tu ansiedad se aprecie desde la perspectiva adecuada en relación con el poder magnánimo de Dios?

9. Toma algún tiempo para enumerar tus pensamientos ansiosos del día de hoy y presenta cada uno de ellos ante el Señor con esta oración: «Jesús, este pensamiento ansioso y negativo buscó la forma de infiltrarse en mi mente. ¿Viene de ti?». Pídele a Jesús que elimine de tu mente cualquier pensamiento que no provenga de él.

Meditación

¡Oh Dios mío!, a ti te invoco al comienzo del día.

Ayúdame a orar y a concentrar mis pensamientos en ti;

no logro por mí mismo.

Reina en mí la oscuridad, pero en ti está la luz;

estoy solo, pero tú no me abandonas;

estoy desalentado, pero en ti está la ayuda;

estoy intranquilo, pero en ti está la paz;

la amargura me domina, pero en ti está la paciencia:

no comprendo tus caminos,

pero tú conoces el camino recto para mí.

Padre que estás en los cielos,

te alabo y te doy gracias por el descanso de la noche[7]

—Dietrich Bonhoeffer, oración escrita

en la cárcel de Tegel en Berlín

Capítulo 10

AFÉRRATE A CRISTO

Damos frutos cuando nos enfocamos en Dios.

Confronta el caos

1. Nuestra cultura está orientada al rendimiento y el desempeño competitivos. El enfoque está en los resultados... en nuestros trabajos, en los deportes, en nuestros pasatiempos. Queremos saber para qué puede usarse algo o qué produce.

   - ¿Abordas la vida con Jesús de esta manera? Explica. ¿Sí o no? ¿Por qué?

   - ¿Sientes a veces que seguir a Jesús es una carga adicional? ¿Sí o no? ¿Por qué?

2. Después de leer el capítulo 10, ¿cómo crees que *deberías* abordar la vida de seguir a Jesús?

   - Si bien es cierto que superar la ansiedad es importante, este capítulo menciona otra meta... una que hace referencia a nuestro propósito aquí en la tierra, un recordatorio del panorama completo. ¿Te diste cuenta? Una pista: lee Juan 15.8. En ocasiones, necesitamos despejar nuestra lista espiritual de tareas por hacer.

- Lee Lucas 10.39–42 y fíjate específicamente en lo que Jesús le dice a Marta.
- ¿Qué quiere Jesús ver en nosotros?
- Combina Juan 15 y Lucas 10, y define cuál es la meta predominante de tu vida.
- ¿Alivia tu ansiedad el saber que Jesús tiene un solo enfoque cuando mira tu corazón?

ELIGE LA CALMA

3. En Filipenses 4 (NVI) encontramos varias instrucciones: «No se inquieten por nada», «presenten sus peticiones a Dios y denle gracias», «alégrense siempre en el Señor» y la lista continúa. Es muy probable que quieras hacer todo esto. Suena muy bien, pero tal vez estés cansado. El dolor, la pérdida, las heridas y la ansiedad tal vez te hayan agotado, y hasta la idea de reunir las fuerzas suficientes para hacer estas cosas —para vivir sin ansiedad— es algo que sencillamente no puedes hacer.

El capítulo 10 es un oasis en el desierto. En lo que resta de esta sección, en lugar de contestar más preguntas, medita en las citas y el texto bíblico que aparecen a continuación. Haz anotaciones en tu diario. Permite que te cubran y te fortalezcan. Usa estos pasajes para permanecer en Cristo.

> «Te cansas de la inquietud. Estás listo para terminar con las noches de insomnio. Deseas estar ansioso por nada. Anhelas el fruto del Espíritu. Pero ¿cómo das este fruto? ¿Lo intentas con más ahínco? No, te aferras con más fuerza. *Nuestra tarea no es la fertilidad, sino la fidelidad.* El secreto

para dar frutos y vivir sin ansiedad *no es tanto hacer, sino permanecer*».

«Permanezcan en mí, y yo permaneceré en ustedes. Así como ninguna rama puede dar fruto por sí misma, sino que tiene que permanecer en la vid, así tampoco ustedes pueden dar fruto si no permanecen en mí [...] El que permanece en mí, como yo en él, dará mucho fruto [...] El que no permanece en mí es desechado y se seca [...] Si permanecen en mí y mis palabras permanecen en ustedes, pidan lo que quieran, y se les concederá [...] Permanezcan en mi amor [...] permanecerán en mi amor, así como yo he obedecido los mandamientos de mi Padre y permanezco en su amor». (Juan 15.4–10 NVI).

«"¡Ven a vivir conmigo!", nos invita Jesús. "Haz de mi hogar tu hogar" [...]

»Cuando un padre dirige a su hijo de cuatro años por una calle congestionada, lo toma de la mano y le dice: "Sostén mi mano". No le dice: "Memorízate el mapa", ni "Trata de esquivar el tráfico", ni "Veamos si puedes encontrar el camino de regreso a la casa". El buen padre le da al hijo una responsabilidad: "Sostén mi mano".

»Dios hace lo mismo con nosotros. No te sobrecargues con listas. No nutras tu ansiedad con el miedo de no cumplirlas. Tu meta no es conocer cada detalle del futuro. Tu meta es sostener la mano de Aquel que nunca jamás te la suelta».

«Por eso les digo: No se preocupen por su vida, qué comerán o beberán; ni por su cuerpo, cómo se vestirán.

¿No tiene la vida más valor que la comida, y el cuerpo más que la ropa? Fíjense en las aves del cielo: no siembran ni cosechan ni almacenan en graneros; sin embargo, el Padre celestial las alimenta. ¿No valen ustedes mucho más que ellas? ¿Quién de ustedes, por mucho que se preocupe, puede añadir una sola hora al curso de su vida?

»¿Y por qué se preocupan por la ropa? Observen cómo crecen los lirios del campo. No trabajan ni hilan; sin embargo, les digo que ni siquiera Salomón, con todo su esplendor, se vestía como uno de ellos. Si así viste Dios a la hierba que hoy está en el campo y mañana es arroja-da al horno, ¿no hará mucho más por ustedes, gente de poca fe? Así que no se preocupen diciendo: "¿Qué come-remos?" o "¿Qué beberemos?" o "¿Con qué nos vestire-mos?". Los paganos andan tras todas estas cosas, pero el Padre celestial sabe que ustedes las necesitan. Más bien, busquen primeramente el reino de Dios y su justicia, y todas estas cosas les serán añadidas. Por lo tanto, no se an-gustien por el mañana, el cual tendrá sus propios afanes. Cada día tiene ya sus problemas» (Mateo 6.25–34 NVI).

MEDITACIÓN

«Así como el Padre me ha amado a mí, también yo los he amado a ustedes. Permanezcan en mi amor. Si obedecen mis manda-mientos, permanecerán en mi amor, así como yo he obedecido los mandamientos de mi Padre y permanezco en su amor. Les he di-cho esto para que tengan mi alegría y así su alegría sea completa» (Juan 15.9–11 NVI).

Capítulo 11

C.A.L.M.A.

Elige la tranquilidad por encima de la ansiedad.

Confronta el caos

1. ¿Cómo tu lucha con la ansiedad ha moldeado la manera de verte a ti mismo? En el capítulo 11 Max pregunta: «¿Qué significa toda esta ansiedad?». ¿Cómo responderías?

2. Antes de leer este capítulo, ¿pensaste alguna vez que Jesús luchó con la ansiedad? Lee Lucas 22 y fíjate cómo Jesús superó sus momentos más ansiosos en la tierra.

   - ¿Cómo cambia esto tu perspectiva acerca de tu lucha personal?
   - ¿Cómo cambia esto tu perspectiva acerca de la manera en que Dios mira tu lucha personal con la ansiedad o la depresión?

3. Aunque Jesús estaba íntimamente familiarizado con la ansiedad, nunca permitió que lo desviara de su propósito. Él reconoció la ansiedad y la llevó ante su Padre (Lucas 22.42), pero eligió sus acciones de acuerdo con la voluntad y la lógica predeterminadas. Por eso caminó al Calvario de todas maneras.

   - Medita en esta pasada semana. ¿Qué decisiones (grandes o pequeñas) tomaste basadas en tu ansiedad? ¿Cuándo permitiste que tus temores decidieran por ti? Sé específico.

- ¿Cómo habrían sido distintos los resultados si hubieras reconocido tus pensamientos ansiosos, pero no les hubieras dado poder sobre tus acciones?

4. ¿Realmente piensas que la ansiedad puede ser parte de tu vida sin controlar tu vida?

   - ¿Sí o no? ¿Por qué?
   - En estos momentos, ¿cómo tratas con la ansiedad cuando se presenta de repente?

ELIGE LA CALMA

Max comparte el mapa de la Biblia para deshacernos de la ansiedad: «Se nos haría muy difícil encontrar un pasaje más útil, poderoso e inspirador sobre el tema de la ansiedad. Estos versículos [Filipenses 4.4–8 NVI] parecen un "árbol de decisiones". Un árbol de decisiones es una herramienta que usa un gráfico parecido a un árbol para presentar decisiones y sus posibles consecuencias. El consejo de Pablo tiene un formato secuencial similar».

En estos versículos se esconden las decisiones y sus posibles consecuencias. En las preguntas 5–8, trabaja en cada decisión y descifra la recompensa que produce.

5. «Alégrense siempre en el Señor. Insisto: ¡Alégrense!». Pablo nos anima a *celebrar la bondad de Dios.*

   - ¿Qué puedes celebrar hoy?
   - ¿Qué ves a tu alrededor que es agradable o digno de alabanza?
   - ¿Cuál es la consecuencia de alegrarse en el «árbol de decisiones»?

6. «No se inquieten por nada; más bien, en toda ocasión, con oración y ruego, presenten sus peticiones a Dios y denle gracias». Pablo nos anima a *pedirle ayuda a Dios* y a *presentarle a él nuestras preocupaciones.*

   • ¿En qué necesitas ayuda hoy? El Señor desea que le hables de *lo que sea* que haya en tu corazón. Nada es demasiado pequeño ni demasiado grande para él.

   • ¿Qué necesitas dejar (completa o parcialmente) a sus pies hoy?

   • ¿Cuál es la consecuencia de pedir ayuda y dejar allí tus preocupaciones?

7. «Por último, hermanos, consideren bien todo lo verdadero, todo lo respetable, todo lo justo, todo lo puro, todo lo amable, todo lo digno de admiración, en fin, todo lo que sea excelente o merezca elogio». Pablo nos anima a *pensar en lo que es excelente.*

   • ¿Qué necesitas eliminar de tu vida para mantener tu mente enfocada en lo excelente? ¿Qué prácticas puedes implementar para que te recuerden diariamente todo lo verdadero, lo digno de admiración y lo excelente?

   • ¿Cuál es la consecuencia de pensar en todo lo excelente de este pasaje?

8. *Ansiosos por nada* termina con esta afirmación: «Un nuevo día te espera, mi amigo. Una nueva temporada en la que te preocuparás menos y confiarás más. Una temporada con un miedo reducido y una fe realzada. ¿Puedes imaginarte una vida en la que estés ansioso por nada? Dios puede. Y, con su ayuda, tú la experimentarás».

———◦———

Abajo está la resolución que Max escribió. Dedica unos momentos para escribir la tuya: un compromiso contigo mismo que afirme que tú, también, aprenderás a vivir en el presente y que enfrentarás cada día con un sentido renovado del amor de Dios por ti y de su gran preocupación por las tormentas que atraviesas en esta vida.

Meditación

Hoy, voy a vivir el hoy.

Ayer ya pasó.

Mañana no ha llegado.

Solo me queda hoy.

Así que hoy, voy a vivir el hoy.

¿Revivir el ayer? No.

Aprenderé de él.

Buscaré misericordia para él.

Me alegraré en él.

Pero no viviré en él.

El sol ya se puso en el ayer.

El sol todavía no ha salido en el mañana.

¿Preocuparme sobre el futuro? ¿Para qué?

Merece un vistazo, nada más.

Hasta mañana no puedo cambiar el mañana.

Hoy, voy a vivir el hoy.

Enfrentaré los desafíos de hoy con las fuerzas de hoy.

Bailaré el vals de hoy con la música de hoy.

Celebraré las oportunidades de hoy con la esperanza de hoy.

Hoy.

TEXTO BÍBLICO

Capítulo 1: Menos ansiedad, más fe

No pierdas los estribos, que eso únicamente causa daño.

—Salmos 37.8 ntv

No se inquieten por nada.

—Filipenses 4.6 nvi

«Tengan cuidado y no dejen que sus corazones se hagan insensibles por [...] las preocupaciones de esta vida».

—Lucas 21.34 dhh

Alégrense siempre en el Señor. Insisto: ¡Alégrense! Que su amabilidad sea evidente a todos. El Señor está cerca. No se inquieten por nada; más bien, en toda ocasión, con oración y ruego, presenten sus peticiones a Dios y denle gracias. Y la paz de Dios, que sobrepasa todo entendimiento, cuidará sus corazones y sus pensamientos en Cristo Jesús. Por último, hermanos, consideren bien todo lo verdadero, todo lo respetable, todo lo justo, todo lo puro, todo lo amable, todo lo digno de admiración, en fin, todo lo que sea excelente o merezca elogio.

—FILIPENSES 4.4–8 NVI

CAPÍTULO 2: ALÉGRATE EN LA SOBERANÍA DEL SEÑOR

Alégrense siempre en el Señor. Insisto: ¡Alégrense!

—FILIPENSES 4.4 NVI

Lo que me ha pasado ha contribuido al avance del evangelio. Es más, se ha hecho evidente a toda la guardia del palacio y a todos los demás que estoy encadenado por causa de Cristo.

—FILIPENSES 1.12, 13 NVI

Pero eso no importa; sean falsas o genuinas sus intenciones, el mensaje acerca de Cristo se predica de todas maneras, de modo que me gozo. Y seguiré gozándome.

—FILIPENSES 1.18 NTV

Dios también le exaltó [a Jesús] hasta lo sumo, y le dio un nombre que es sobre todo nombre.

—FILIPENSES 2.9

Dios [...] produce en ustedes tanto el querer como el hacer para que se cumpla su buena voluntad.

—FILIPENSES 2.13 NVI

No hay sabiduría humana ni entendimiento ni
proyecto que puedan hacerle frente al Señor.

—Proverbios 21.30 ntv

Dios hace lo que quiere con los poderes celestiales y
con los pueblos de la tierra. No hay quien se oponga
a su poder ni quien le pida cuentas de sus actos.

—Daniel 4.35 nvi

[Dios] sustenta todas las cosas.

—Hebreos 1.3

[Dios puede llamar] con un silbido a la mosca
que está en los lejanos ríos de Egipto.

—Isaías 7.18 nvi

¿Quién puede ordenar que algo suceda sin permiso del
Señor? ¿No envía el Altísimo tanto calamidad como bien?

—Lamentaciones 3.37, 38 ntv

«Santo, santo, santo es el Señor Todopoderoso;
toda la tierra está llena de su gloria»

—Isaías 6.1–3 nvi

[Él] es el Creador, el cual es bendito por los siglos.

—Romanos 1.25

[Él] es el mismo ayer, y hoy, y por los siglos.

—Hebreos 13.8

[Sus] años no tienen fin.

—Salmos 102.27 nvi

Me ha quitado la paz;
ya no recuerdo lo que es la dicha.
Y digo: «La vida se me acaba,
junto con mi esperanza en el Señor».
Recuerda que ando errante y afligido,
que estoy saturado de hiel y amargura.
Siempre tengo esto presente,
y por eso me deprimo.
Pero algo más me viene a la memoria,
lo cual me llena de esperanza:
El gran amor del Señor nunca se acaba,
y su compasión jamás se agota.
Cada mañana se renuevan sus bondades;
¡muy grande es su fidelidad!
Por tanto, digo:
«El Señor es todo lo que tengo.
¡En él esperaré!».
Bueno es el Señor con quienes en él confían,
con todos los que lo buscan.
Bueno es esperar calladamente
que el Señor venga a salvarnos.

—Lamentaciones 3.17–26

Y sabemos que a los que aman a Dios,
todas las cosas les ayudan a bien.

—Romanos 8.28

¡Tú guardarás en perfecta paz a todos los que confían en
ti; a todos los que concentran en ti sus pensamientos!

—Isaías 26.3 ntv

Capítulo 3: Alégrate en la misericordia del Señor

Mientras me negué a confesar mi pecado,
mi cuerpo se consumió,
y gemía todo el día.
Día y noche tu mano de disciplina pesaba sobre mí;
mi fuerza se evaporó como agua al calor del verano.

—Salmos 32.3, 4 ntv

Aunque, si alguien pudiera confiar en sus propios esfuerzos,
ese sería yo [Pablo]. De hecho, si otros tienen razones para
confiar en sus propios esfuerzos, ¡yo las tengo aún más! Fui
circuncidado cuando tenía ocho días de vida. Soy un ciudadano
de Israel de pura cepa y miembro de la tribu de Benjamín, ¡un
verdadero hebreo como no ha habido otro! Fui miembro de
los fariseos, quienes exigen la obediencia más estricta a la ley
judía. Era tan fanático que perseguía con crueldad a la iglesia,
y en cuanto a la justicia, obedecía la ley al pie de la letra.

—Filipenses 3.4–7 ntv

Ya no me apoyo [Pablo] en mi propia justicia,
por medio de obedecer la ley; más bien, llego a
ser justo por medio de la fe en Cristo.

—FILIPENSES 3.9 NTV

No pienso que yo mismo [Pablo] lo haya logrado ya.
Más bien, una cosa hago: olvidando lo que queda atrás
y esforzándome por alcanzar lo que está delante, sigo
avanzando hacia la meta para ganar el premio que Dios
ofrece mediante su llamamiento celestial en Cristo Jesús.

—FILIPENSES 3.13, 14 NVI

Dios ha demostrado cuánto ama a todo el mundo, pues les ha
ofrecido la posibilidad de salvarse del castigo que merecen.

—TITO 2.11, 15 TLA

Olvidando lo que queda atrás y esforzándome por alcanzar lo que
está delante, sigo avanzando hacia la meta para ganar el premio
que Dios ofrece mediante su llamamiento celestial en Cristo Jesús.

—FILIPENSES 3.13, 14 NVI

Yo *sé* que Dios siempre me cuidará y me protegerá de
todo mal, hasta que me lleve a su reino celestial. ¡Él
merece que lo alabemos por siempre! Amén.

—2 TIMOTEO 4.18 TLA

Capítulo 4: Alégrate *siempre* en el Señor

El Hijo es el resplandor de la gloria de Dios, la fiel imagen de lo que
él es, y el que sostiene todas las cosas con su palabra poderosa.

—Hebreos 1.3 nvi

Él ya existía antes de todas las cosas y
mantiene unida toda la creación.

—Colosenses 1.17 ntv

«Puesto que en él vivimos, nos movemos y existimos».

—Hechos 17.28 nvi

[Dios] hace todas las cosas conforme al designio de su voluntad.

—Efesios 1.11 nvi

Haces que crezca la hierba para el ganado,
y las plantas que la gente cultiva
para sacar de la tierra su alimento:
el vino que alegra el corazón,
el aceite que hace brillar el rostro,
y el pan que sustenta la vida.

—Salmos 104.14, 15 nvi

«[Dios] hace salir su sol sobre malos y buenos, y
que hace llover sobre justos e injustos».

—Mateo 5.45

——•——

El Dios Altísimo gobierna los reinos del mundo y
designa a quien él quiere para que los gobierne.

—DANIEL 5.21 NTV

Dios es el único que juzga;
él decide quién se levantará y quién caerá

—SALMOS 75.7 NTV

No se calmará el ardor de la ira de Jehová, hasta que haya
hecho y cumplido los pensamientos de su corazón.

—JEREMÍAS 30.24

En Cristo también fuimos [...] predestinados según el plan de aquel
que hace todas las cosas conforme al designio de su voluntad.

—EFESIOS 1.11 NVI

«Ustedes pensaron hacerme mal, pero Dios transformó
ese mal en bien para lograr lo que hoy estamos viendo:
salvar la vida de mucha gente. Así que, ¡no tengan
miedo! Yo cuidaré de ustedes y de sus hijos».

—GÉNESIS 50.20, 21 NVI

«Y a ese hombre, que conforme a los planes y propósitos de Dios
fue entregado, ustedes lo mataron, crucificándolo por medio de
hombres malvados. *Pero Dios* lo resucitó, liberándolo de los dolores
de la muerte, porque la muerte no podía tenerlo dominado».

—HECHOS 2.23, 24 DHH

Sabemos que Dios dispone todas las cosas para el bien de quienes lo aman, los que han sido llamados de acuerdo con su propósito.

—Romanos 8.28 nvi

Capítulo 5: Calma contagiosa

Que su amabilidad sea evidente a todos. El Señor está cerca. No se inquieten por nada.

—Filipenses 4.5, 6 nvi

«No temas [...] yo soy tu escudo, y tu galardón será sobremanera grande».

—Génesis 15.1

«No tengas miedo, porque yo estoy contigo».

—Génesis 26.24 ntv

«¡Sé fuerte y valiente! ¡No tengas miedo ni te desanimes! Porque el Señor tu Dios te acompañará dondequiera que vayas».

—Josué 1.9 nvi

El Señor está conmigo, y no tengo miedo; ¿qué me puede hacer un simple mortal?

—Salmos 118.6 nvi

Cuando alzó Jesús los ojos, y vio que había venido a él
gran multitud, dijo a Felipe: ¿De dónde compraremos
pan para que coman éstos? Pero esto decía para
probarle; porque él sabía lo que había de hacer.

—JUAN 6.5, 6

«Despide a la multitud, para que vayan por
las aldeas y compren de comer».

—MATEO 14.15

—Hagan que se sienten todos —ordenó Jesús. En ese lugar había
mucha hierba. Así que se sentaron, y los varones adultos
eran como cinco mil. Jesús tomó entonces los panes,
dio gracias y distribuyó a los que estaban sentados
todo lo que quisieron. Lo mismo hizo con los pescados.
Una vez que quedaron satisfechos, dijo a sus discípulos:
—Recojan los pedazos que sobraron,
para que no se desperdicie nada.
Así lo hicieron y, con los pedazos de los cinco panes de cebada
que les sobraron a los que habían comido,
llenaron doce canastas.

—JUAN 6.10–13 NVI

CAPÍTULO 6: ORACIÓN, NO DESESPERACIÓN

«¿Acaso no creen que Dios hará justicia a su pueblo escogido que
clama a él día y noche? [...] Les digo, ¡él pronto les hará justicia!»

—LUCAS 18.7, 8 NTV

———•———

No se inquieten por nada; más bien, en toda ocasión, con
oración y ruego, presenten sus peticiones a Dios.

—Filipenses 4.6 nvi

Pongan todas sus preocupaciones y ansiedades en
las manos de Dios, porque él cuida de ustedes.

—1 Pedro 5.7 ntv

No se queden callados los que invocan al Señor [sus promesas].

—Isaías 62.6 dhh

«Hazme recordar,
entremos en juicio juntamente».

—Isaías 43.26

Tú dijiste que estarías conmigo cuando pasara por aguas profundas.

—Isaías 43.2, paráfrasis del autor

Tú dijiste que estarías a mi lado cuando
anduviera en valle de sombra.

—Salmos 23.4, paráfrasis del autor

Tú dijiste que nunca me dejarías ni me abandonarías.

—Hebreos 13.5, paráfrasis del autor

No se olviden de orar [...] Manténganse en estado de alerta,
y no se den por vencidos. En sus oraciones, pidan siempre
por todos los que forman parte del pueblo de Dios.

—EFESIOS 6.18 TLA

Capítulo 7: Gratitud abundante

No se inquieten por nada; más bien, en toda ocasión, con
oración y ruego, presenten sus peticiones a Dios y denle
gracias. Y la paz de Dios, que sobrepasa todo entendimiento,
cuidará sus corazones y sus pensamientos en Cristo Jesús.

—FILIPENSES 4.6, 7 NVI

He aprendido a estar contento con lo que tengo. Sé vivir
con casi nada o con todo lo necesario. He aprendido el
secreto de vivir en cualquier situación, sea con el estómago
lleno o vacío, con mucho o con poco. Pues todo lo puedo
hacer por medio de Cristo, quien me da las fuerzas.

—FILIPENSES 4.11–13 NTV

Porque para mí el vivir es Cristo, y el morir es ganancia.

—FILIPENSES 1.21

Capítulo 8: La paz de Dios es tu paz

Y la paz de Dios, que sobrepasa todo entendimiento, cuidará
sus corazones y sus pensamientos en Cristo Jesús.

—FILIPENSES 4.7 NVI

———•———

«La paz les dejo; mi paz les doy. Yo no se la doy a ustedes como la da el mundo. No se angustien ni se acobarden».

—Juan 14.27 nvi

Todos los ángeles son espíritus al servicio de Dios, enviados en ayuda de quienes han de recibir en herencia la salvación.

—Hebreos 1.14 dhh

«Tu petición fue escuchada desde el primer día en que te propusiste ganar entendimiento y humillarte ante tu Dios».

—Daniel 10.12 nvi

«Contenderé con los que contiendan contigo».

—Isaías 49.25 nvi

Los que confían en el Señor
renovarán sus fuerzas;
volarán como las águilas:
correrán y no se fatigarán,
caminarán y no se cansarán.

—Isaías 40.31 nvi

Él [Dios] ordenará a sus ángeles
que te protejan por donde vayas.

—Salmos 91.11 ntv

«Yo soy el buen pastor; conozco a mis
ovejas, y ellas me conocen a mí».

—JUAN 10.14 NVI

Ahora ya no eres un esclavo sino un hijo de Dios, y
como eres su hijo, Dios te ha hecho su heredero.

—GÁLATAS 4.7 NTV

«Porque esta noche ha estado conmigo el ángel
del Dios de quien soy y a quien sirvo».

—HECHOS 27.23

¡Aún no había vivido un solo día,
cuando tú ya habías decidido
cuánto tiempo viviría!
¡Lo habías anotado en tu libro!

—SALMOS 139.16 TLA

«En el mundo, ustedes habrán de sufrir; pero
tengan valor: yo he vencido al mundo».

—JUAN 16.33 DHH

«No tengan miedo ni se acobarden cuando vean ese gran
ejército, porque la batalla no es de ustedes, sino mía».

—2 CRÓNICAS 20.15 NVI

«Cuando pases por las aguas, yo estaré contigo».

—ISAÍAS 43.2

———•———

Capítulo 9: Piensa en lo que piensas

Y sobre todas las cosas, cuida tu mente,
porque ella es la fuente de la vida.

—Proverbios 4.23 tla

Consideren bien todo lo verdadero, todo lo respetable, todo
lo justo, todo lo puro, todo lo amable, todo lo digno de
admiración, en fin, todo lo que sea excelente o merezca elogio.

—Filipenses 4.8 nvi

La ansiedad en el corazón del hombre lo deprime.

—Proverbios 12.25 nblh

[Llevemos] cautivo todo pensamiento para que se someta a Cristo.

—2 Corintios 10.5 nvi

Manténganse firmes, ceñidos con el cinturón de la verdad.

—Efesios 6.14 nvi

Alaba, alma mía, al Señor,
y no olvides ninguno de sus beneficios

—Salmos 103.2 nvi

Capítulo 10: Aférrate a Cristo

Concéntrense en todo lo que es verdadero, todo lo honorable,
todo lo justo, todo lo puro, todo lo bello y todo lo admirable.
Piensen en cosas excelentes y dignas de alabanza.

—Filipenses 4.8 ntv

«Permanezcan en mí, y yo permaneceré en ustedes. Así como
ninguna rama puede dar fruto por sí misma, sino que tiene
que permanecer en la vid, así tampoco ustedes pueden dar
fruto si no permanecen en mí. Yo soy la vid y ustedes son las
ramas. El que permanece en mí, como yo en él, dará mucho
fruto; separados de mí no pueden ustedes hacer nada. El que no
permanece en mí es desechado y se seca, como las ramas que se
recogen, se arrojan al fuego y se queman. Si permanecen en mí
y mis palabras permanecen en ustedes, pidan lo que quieran,
y se les concederá. Mi Padre es glorificado cuando ustedes dan
mucho fruto y muestran así que son mis discípulos. Así como
el Padre me ha amado a mí, también yo los he amado a ustedes.
Permanezcan en mi amor. Si obedecen mis mandamientos,
permanecerán en mi amor, así como yo he obedecido los
mandamientos de mi Padre y permanezco en su amor».

—Juan 15.4–10 nvi

«No se preocupen por su vida, qué comerán o beberán; ni
por su cuerpo, cómo se vestirán [...] Fíjense en las aves del
cielo: no siembran ni cosechan ni almacenan en graneros; sin
embargo, el Padre celestial las alimenta. ¿No valen ustedes

———•———

mucho más que ellas? ¿Quién de ustedes, por mucho que
se preocupe, puede añadir una sola hora al curso de su
vida? [...] Observen cómo crecen los lirios del campo [...]
ni siquiera Salomón [...] se vestía como uno de ellos».

—MATEO 6.25–29 NVI

Poned la mira en las cosas de arriba, no en las de la tierra.

—COLOSENSES 3.2

«Si se mantienen fieles a mis enseñanzas, serán realmente mis
discípulos; y conocerán la verdad, y la verdad los hará libres».

—JUAN 8.31, 32 NVI

CAPÍTULO 11: C.A.L.Ma.

Alégrense siempre en el Señor. Insisto: ¡Alégrense! Que su
amabilidad sea evidente a todos. El Señor está cerca. No se
inquieten por nada; más bien, en toda ocasión, con oración
y ruego, presenten sus peticiones a Dios y denle gracias. Y la
paz de Dios, que sobrepasa todo entendimiento, cuidará sus
corazones y sus pensamientos en Cristo Jesús. Por último,
hermanos, consideren bien todo lo verdadero, todo lo respetable,
todo lo justo, todo lo puro, todo lo amable, todo lo digno de
admiración, en fin, todo lo que sea excelente o merezca elogio.

—FILIPENSES 4.4–8 NVI

«Estate alerta, y ten calma; no temas ni desmaye tu corazón».

—ISAÍAS 7.4 LBLA

Alégrense siempre en el Señor. Insisto: ¡Alégrense!

—FILIPENSES 4.4 NVI

Alzaré mis ojos a los montes;
¿De dónde vendrá mi socorro?
Mi socorro viene de Jehová,
Que hizo los cielos y la tierra.

—SALMOS 121.1, 2

Entonces le respondió Pedro, y dijo: Señor, si eres tú, manda
que yo vaya a ti sobre las aguas. Y él dijo: Ven. Y descendiendo
Pedro de la barca, andaba sobre las aguas para ir a Jesús.
Pero al ver el fuerte viento, tuvo miedo; y comenzando a
hundirse, dio voces, diciendo: ¡Señor, sálvame!

—MATEO 14.28–30

Dios es el único que gobierna sobre todos; Dios es el más
grande de los reyes y el más poderoso de los gobernantes.

—1 TIMOTEO 6.15 TLA

Por lo tanto, ya no hay ninguna condenación
para los que están unidos a Cristo Jesús.

—ROMANOS 8.1 NVI

Presenten sus peticiones a Dios.

—FILIPENSES 4.6 NVI

———•———

«Llámame cuando tengas problemas».

—Salmos 50.15 ntv

«Pidan, y se les dará; busquen, y encontrarán;
llamen, y se les abrirá».

—Mateo 7.7 nvi

Así que acerquémonos confiadamente al trono de la gracia.

—Hebreos 4.16 nvi

[Cuiden] sus corazones y sus pensamientos en Cristo Jesús.

—Filipenses 4.7 nvi

Sé en quién he creído, y estoy seguro de que tiene poder
para guardar hasta aquel día lo que le he confiado.

—2 Timoteo 1.12 nvi

Por último, hermanos, consideren bien todo lo verdadero, todo lo
respetable, todo lo justo, todo lo puro, todo lo amable, todo lo digno
de admiración, en fin, todo lo que sea excelente o merezca elogio.

—Filipenses 4.8 nvi

NOTAS

Capítulo 1

1. *Haole* (pronunciado HOW-leh) es una palabra hawaiana para las personas que no son nativos, particularmente de la raza blanca. Una definición proviene de *ha,* que significa «aliento» o «espíritu», y *ole,* que quiere decir «ninguno» o «sin». Algunos piensan que el término se originó cuando los misioneros cristianos llegaron por primera vez a las islas. Kapehu Retreat House, Hawaiian Words, www.kapehu.com/hawaiian-words.html.

2. Edmund J. Bourne, *The Anxiety and Phobia Workbook,* 5ta. ed. (Oakland, CA: New Harbinger, 2010) [*Ansiedad y fobias, Libro de trabajo* (Málaga, España: Sirio, 2016)],

3. Taylor Clark, «It's Not the Job Market: The Three Real Reasons Why Americans Are More Anxious Than Ever Before», Slate, 31 enero 2011, http://www.slate.com/articles/arts/culturebox/2011/01/its_not_the_job_market.html.

4. Ibíd.

5. John Ortberg, *Guarda tu alma* (Miami, FL: Vida, 2014), p. 51.

6. Clark, «It's Not the Job Market».

7. Ibíd.

8. Robert L. Leahy, *Anxiety Free: Unravel Your Fears Before They Unravel You* (Carlsbad, CA: Hay House, 2009), p. 4.

9. Bourne, *The Anxiety and Phobia Workbook,* p. xi.

10. Joel J. Miller, «The Secret Behind the Bible's Most Highlighted Verse»,

Theology That Sticks (blog), 24 agosto 2015, https://blogs.ancientfaith
.com/joeljmiller/bibles-most-highlighted-verse/.

Capítulo 2

1. John MacArthur, *Philippians*, The MacArthur New Testament
   Commentary (Chicago: Moody Press, 2001) [*Comentario MacArthur del
   Nuevo Testamento, Filipenses* (Grand Rapids, MI: Kregel Publications,
   2012)], p. 273.
2. Taylor Clark, *Nerve: Poise Under Pressure, Serenity Under Stress, and the
   Brave New Science of Fear and Cool* (Nueva York: Little, Brown, 2011),
   pp. 100–101.
3. Ibíd.
4. Alan Mozes, «Traffic Jams Harm the Heart», HealthDay, 13 marzo 2009,
   https://consumer.healthday.com/cardiovascular-health-information-20/
   heart-attack-news-357/traffic-jams-harm-the-heart-624998.html.

Capítulo 3

1. Usado con permiso.
2. Henri J. M. Nouwen, *The Essential Henri Nouwen*, ed. Robert A. Jonas
   (Boston: Shambhala, 2009), pp. 131–32.

Capítulo 4

1. Taylor Clark, *Nerve: Poise Under Pressure, Serenity Under Stress, and the
   Brave New Science of Fear and Cool* (Nueva York: Little, Brown, 2011),
   pp. 25–26.
2. Spiros Zodhiates, ed., *Hebrew-Greek Key Word Study Bible: Key Insights
   into God's Word, New International Version* (Chattanooga, TN: AMG
   Publishers, 1996), #5770, p. 2122.
3. Ibíd., #1919, p. 2072.
4. L. B. Cowman, *Streams in the Desert: 366 Daily Devotional Readings*, ed.
   Jim Reimann, edición actualizada (Grand Rapids, MI: Zondervan, 1997),
   pp. 462–63.
5. «Telegram from Anna Spafford to Horatio Gates Spafford re being
   "Saved alone" among her traveling party in the shipwreck of the
   Ville du Havre», Biblioteca del Congreso, https://www.loc.gov/item/
   mamcol000006.

6. Horatio Spafford, «Estoy bien», https://spanishworship.wordpress. com/2009/11/28/estoy-bien-con-mi-dios/.

Capítulo 5

1. Taylor Clark, *Nerve: Poise Under Pressure, Serenity Under Stress, and the Brave New Science of Fear and Cool* (Nueva York: Little, Brown, 2011), pp. 3–9.
2. Gerhard Kittel, ed., *Theological Dictionary of the New Testament,* trad. y ed. Geoffrey W. Bromiley (Grand Rapids, MI: Wm. B. Eerdmans, 1964), 2: pp. 588–89.
3. W. E. Vine, *Diccionario expositivo de palabras del Antiguo y Nuevo Testamento exhaustivo de Vine* (Nashville, TN: Grupo Nelson, 2007), «Gentileza», p. 392.
4. John Chrysostom, *Homilies on Paul's Letter to the Philippians*, trad. Pauline Allen (Atlanta, GA: Society of Biblical Literature, 2013), p. 285.
5. *Theodoret of Cyrus: Commentary on the Letters of St. Paul*, trad. Robert Charles Hill (Brookline, MA: Holy Cross Orthodox Press, 2001), 2: p. 78.
6. William C. Frey, *The Dance of Hope: Finding Ourselves in the Rhythm of God's Great Story* (Colorado Springs, CO: WaterBrook Press, 2003), p. 175.

Capítulo 7

1. Kennon M. Sheldon, Todd B. Kashdan y Michael F. Steger, eds., *Designing Positive Psychology: Taking Stock and Moving Forward* (Nueva York: Oxford University Press, 2011), pp. 249–54. Ver también Amit Amin, «The 31 Benefits of Gratitude You Didn't Know About: How Gratitude Can Change Your Life», Happier Human, http:// happierhuman.com/benefits-of-gratitude/.

Capítulo 8

1. Martín Lutero, «Castillo fuerte es nuestro Dios», trad. Juan B. Cabrera, http://www.himnosevangelicos.com/showhymn.php?hymnid=26.
2. John B. Polhill, *Acts*, vol. 26, *The New American Commentary*, ed. David S. Dockery (Nashville, TN: Broadman and Holman, 1992), p. 517.
3. William J. Larkin, Jr., *Acts,* The IVP New Testament Commentary Series, ed. Grant R. Osborne (Downers Grove, IL: InterVarsity Press, 1995), p. 369.

4. Darrell L. Bock, *Acts,* Baker Exegetical Commentary on the New Testament, eds. Robert W. Yarbrough y Robert H. Stein (Grand Rapids, MI: Baker Academic, 2007), p. 747.
5. Por ejemplo, la Nueva Versión Internacional, la Nueva Traducción Viviente, Dios Habla Hoy y la Traducción en Lenguaje Actual.
6. La historia me la contaron personalmente. Usada con permiso.

CAPÍTULO 9
1. Usado con permiso.
2. Usado con permiso.

CAPÍTULO 10
1. Kent y Amber Brantly con David Thomas, *Called for Life: How Loving Our Neighbor Led Us into the Heart of the Ebola Epidemic* (Colorado Springs, CO: WaterBrook, 2015), p. 97.
2. Hebreos 4.16 NVI.
3. Brantly, *Called for Life*, p. 97.
4. Thomas Obediah Chisholm, «¡Oh, tu fidelidad!», trad. Honorato T. Reza, https://gotasdegracia.wordpress.com/tag/honorato-reza/.
5. Annie S. Hawks, *«Senor, te necesito», https://www.lds.org/music/library/ hymns/i-need-thee-every-hour?lang=eng&clang=spa.*
6. Brantly, *Called for Life*, p. 115.

CAPÍTULO 11
1. Spiros Zodhiates, ed., *Hebrew-Greek Key Word Study Bible: Key Insights into God's Word, New International Version* (Chattanooga, TN: AMG Publishers, 1996), #3534, p. 2093.

PREGUNTAS PARA REFLEXIONAR
1. Qriswell J. Quero, «Oración a la Coraza de San Patricio contra las asechanzas del mal», https://www.pildorasdefe.net/aprender/oracion/ demonio-maligno-coraza-patricio-oracion-proteccion.
2. 2 Timoteo 4.18 TLA.
3. Horatio Spafford, «Estoy bien», https://spanishworship.wordpress. com/2009/11/28/estoy-bien-con-mi-dios/.
4. Flannery O'Connor, *The Habit of Being: Letters of Flannery O'Connor*, ed. Sally Fitzgerald (Nueva York: Farrar, Straus and Giroux, 1979), p. 307.

5. Martín Lutero, «Castillo fuerte es nuestro Dios», trad. Juan B. Cabrera, http://www.himnosevangelicos.com/showhymn.php?hymnid=26.

6. Martín Lutero, Billy Graham Center Museum, Wheaton College, http://www.wheaton.edu/bgcmuseum/Exhibits/Rotunda-of-Witnesses/ Martin-Luther.

7. Dietrich Bonhoeffer, «Oración matutina», Navidad de 1943; citado en Alfredo Pérez Alencart, «Dos poemas de Dietrich Bonhoeffer, escritos en el cautiverio», 17 marzo 2016, http://protestantedigital.com/cultural/38882/ Dos_poemas_de_Dietrich_Bonhoeffer_escritos_en_el_cautiverio.

La guía del lector de Lucado

Descubre... dentro de cada libro por Max Lucado, vas a encontrar palabras de aliento e inspiración que te llevarán a una experiencia más profunda con Jesús y encontrarás tesoros para andar con Dios. ¿Qué vas a descubrir?

3:16, Los números de la esperanza
...las 28 palabras que te pueden cambiar la vida.
Escritura central: Juan 3.16

Acércate sediento
...cómo rehidratar tu corazón y sumergirte en el pozo del amor de Dios.
Escritura central: Juan 7.37–38

Aligere su equipaje
...el poder de dejar las cargas que nunca debiste cargar.
Escritura central: Salmo 23

Aplauso del cielo
...el secreto a una vida que verdaderamente satisface.
Escritura central: Las Bienaventuranzas, Mateo 5.1–10

Como Jesús
...una vida libre de la culpa, el miedo y la ansiedad.
Escritura central: Efesios 4.23–24

Cuando Cristo venga
...por qué lo mejor está por venir.
Escritura central: 1 Corintios 15.23

Cuando Dios susurra tu nombre
...el camino a la esperanza al saber que Dios te conoce, que nunca se olvida de ti y que le importan los detalles de tu vida.
Escritura central: Juan 10.3

Cura para la vida común
...las cosas únicas para las cuales Dios te diseñó para que hicieras en tu vida.
Escritura central: 1 Corintios 12.7

Él escogió los clavos
...un amor tan profundo que escogió la muerte en una cruz tan solo para ganar tu corazón.
Escritura central: 1 Pedro 1.18–20

El trueno apacible
...el Dios que hará lo que se requiera para llevar a sus hijos de regreso a él.
Escritura central: Salmo 81.7

En el ojo de la tormenta
...la paz durante las tormentas de tu vida.
Escritura central: Juan 6

En manos de la gracia
...el regalo mayor de todos, la gracia de Dios.
Escritura central: Romanos

Enfrente a sus gigantes
...cuando Dios está de tu parte, ningún desafío puede más.
Escritura central: 1 y 2 Samuel

Gracia
...el regalo increíble que te salva y te sostiene.
Escritura central: Hebreos 12.15

Gran día cada día
...cómo vivir con propósito te ayudará a confiar más y experimentar menos estrés.
Escritura central: Salmo 118.24

La gran casa de Dios
...un plano para la paz, el gozo y el amor que se encuentra en el Padre Nuestro.
Escritura central: El Padre Nuestro, Mateo 6.9–13

Más allá de tu vida
...un Dios grande te creó para que hicieras cosas grandes.
Escritura central: Hechos 1

Mi Salvador y vecino
...un Dios que caminó las pruebas más difíciles de la vida y todavía te acompaña en las tuyas.
Escritura central: Mateo 16.13–16

Sin temor
...cómo la fe es el antídoto al temor en tu vida.
Escritura central: Juan 14.1, 3

Todavía remueve piedras
...el Dios que todavía obra lo imposible en tu vida.
Escritura central: Mateo 12.20

Un amor que puedes compartir
...cómo vivir amado te libera para que ames a otros.
Escritura central: 1 Corintios 13